乡村农文旅融合发展研究

陈凌云　陈国胜◎著

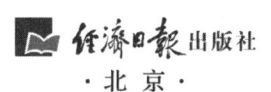

经济日报出版社
·北京·

图书在版编目（CIP）数据

乡村农文旅融合发展研究 / 陈凌云，陈国胜著 .
北京：经济日报出版社，2024.11.
ISBN 978-7-5196-1406-5

Ⅰ . F592.3
中国国家版本馆 CIP 数据核字第 20243HF566 号

乡村农文旅融合发展研究
XIANGCUN NONGWENLÜ RONGHE FAZHAN YANJIU

陈凌云　　陈国胜　　著

出　　版	经济日报出版社
地　　址	北京市西城区白纸坊东街 2 号院 6 号楼 710（邮编 100054）
经　　销	全国新华书店
印　　刷	北京文昌阁彩色印刷有限责任公司
开　　本	710mm×1000mm　1/16
印　　张	12
字　　数	170 千字
版　　次	2024 年 11 月第 1 版
印　　次	2024 年 11 月第 1 次印刷
定　　价	56.00 元

本社网址：www.edpbook.com.cn，微信公众号：经济日报出版社
未经许可，不得以任何方式复制或抄袭本书的部分或全部内容，**版权所有，侵权必究。**
本社法律顾问：北京天驰君泰律师事务所，张杰律师　举报信箱：zhangjie@tiantailaw.com
举报电话：010-63567684
本书如有印装质量问题，请与本社总编室联系，联系电话：010-63567684

三千年读史，不外功名利禄
九万里悟道，终归诗酒田园

——南怀瑾

前　　言

随着社会经济的快速发展，人们对于美好生活的追求日益增强，旅游成为越来越多人的休闲选择。在此背景下，传统的农业、文化与旅游业开始相互渗透、融合，形成一种新的业态——农文旅融合。这种融合不仅是产业发展到一定阶段的必然产物，也是适应市场需求、提升产业价值的重要途径。面对全球化和信息化的挑战与机遇，农文旅融合为乡村经济振兴注入了新的活力。它不仅有助于推动乡村产业的多元化发展、提高农民的收入和生活水平，还能促进城乡一体化进程、缩小城乡发展差距。更为重要的是，农文旅融合为传统农业、文化和旅游业的转型升级提供了强大的动力，使其在新的历史时期焕发出勃勃生机。

本书从多个角度深入剖析了这一新兴业态的背景、意义和价值。通过理论阐述和案例分析，展现了农文旅融合发展在乡村振兴、经济结构调整和生态保护等方面的巨大潜力。同时，本书还对农文旅融合的内在逻辑、推动机制进行了分析，阐述了政策支持、市场作用和创新驱动三大机制在农文旅融合中的重要作用，并对其实际效果进行了评估。在此基础上，本书还分析总结现有的农文旅融合模式，并提出新的路径创新想法，同时设计评估体系来评估这些路径的可行性和有效性，结合数字化振兴提出针对性的策略和未来展望。

本书为温州市科技项目"乡村文旅产业数字化振兴机制与路径（R20210082）"、温州市哲学社会科学规划年度课题"'人工智能+'背景下温州非遗文化的数字化传承与传播研究（24WSK242YBM）"、《温州市农业农村现代化"十四五"规划》等市县委托项目的阶段性研究成果。

本书在撰写过程中得到了岑利、胡晓云、谈再红、卞显红、陈民利、张小燕等专家的指导，本书的出版得到了温州科技职业学院、浙江安防职业技术学院的大力支持，在此向他们致谢！书中疏漏之处，欢迎读者批评指正。

陈凌云

2024 年 11 月 15 日

目 录

第一章　几个重要概念 ·· 1
　第一节　农业 ·· 2
　第二节　文化 ·· 20
　第三节　旅游 ·· 26
　第四节　农文旅融合 ·· 32

第二章　逻辑起点：从人性说起 ································ 37
　第一节　对人性的理解 ·· 38
　第二节　人性与休闲旅游 ·· 40
　第三节　人性与心旅游 ·· 45
　第四节　旅游体验与人性 ·· 53
　第五节　文化与人性 ·· 60
　第六节　美好生活与人性 ·· 66
　第七节　农文旅融合的内在逻辑 ······························ 71
　第八节　农文旅融合发展的推进机制 ······················ 73

第三章　农文旅融合持续盈利点分析：流量、转化率、
　　　　　客单价、复购率 ·· 77
　第一节　流量 ·· 80
　第二节　转化率 ·· 87
　第三节　客单价 ·· 91
　第四节　复购率 ·· 96

第五节　如何协同优化流量、转化率、客单价和复购率 ………… 100

第四章　农文旅融合发展模式 ……………………………………… 107
　　第一节　农文旅融合的基本原则：四生融合 ………………………… 108
　　第二节　农文旅融合的大背景：一二三产融合 ……………………… 109
　　第三节　农文旅融合的载体：产村融合（村居乐）………………… 115
　　第四节　农文旅融合发展模式的选择：因地制宜 …………………… 115
　　第五节　农文旅融合的落地：未来乡村共富运营模式 ……………… 118

第五章　农文旅融合发展路径创新 ………………………………… 125
　　第一节　创新实践要遵循基本逻辑 …………………………………… 126
　　第二节　路径创新评估体系设计 ……………………………………… 128
　　第三节　创新实施路径 ………………………………………………… 129
　　第四节　农文旅融合创新发展的基本依托 …………………………… 133
　　第五节　新乡贤与农创客 ……………………………………………… 139

第六章　乡村农文旅融合产业数字化振兴机理与路径 ………… 145
　　第一节　研究意义 ……………………………………………………… 146
　　第二节　数字文旅产业发展之问题剖析 ……………………………… 147
　　第三节　数字赋能农文旅产业之路径 ………………………………… 148

第七章　农文旅融合发展趋势 ……………………………………… 159
　　第一节　农文旅融合发展路在何方 …………………………………… 160
　　第二节　乡村运营新趋势 ……………………………………………… 162
　　第三节　"千万工程"持续深化 ……………………………………… 164

第八章　结论与讨论 …………………………………………………… 177

参考文献 …………………………………………………………………… 181

第一章
几个重要概念

随着经济全球化和社会的多元化发展，旅游业正逐渐成为世界经济的重要组成部分，并在推动地区经济发展中扮演着越发重要的角色。传统农业在经济发展中占的比重逐步下降，而休闲农业与乡村旅游的兴起为农村经济发展开辟了新的路径。农文旅融合作为实现乡村产业结构调整和振兴的战略举措，不仅对促进农业转型升级和增加农民收入具有积极影响，也在传承民族文化遗产、促进城乡交流和改善城乡关系等方面发挥着重要作用。

在乡村振兴战略的大背景下，农文旅融合已成为推动传统农村向现代休闲农业和乡村旅游转型的重要途径，它通过整合农业资源、文化资源和旅游资源，有效实现了产业的互补和优化。通过此途径，农村地区能够挖掘和转化其独特的文化资源，创新产业发展模式，以提升自身的吸引力和竞争力。然而，在实践过程中，农文旅融合也面临着资源配置不合理、产业协同发展不足、经营模式单一等诸多问题和挑战，亟须我们开展研究。在研究之前，首先需要厘清几个重要概念。

第一节　农　　业

农业的产生是人类社会发展史上一项极为重要的事件，它标志着人类生产方式的重大转变，也极大推进了人类文明的进步。

一、农业的含义

农业是指人类为了生产粮食和各类农产品，利用土地和农业资源，通过种植、养殖等方式进行生产活动的一门经济行业。

农业的内涵包括农业生产要素（土地、种子、肥料等）、农作物（粮食作物、经济作物等）、养殖业（畜牧业和水产养殖业），以及相关服务业等。

二、农业的主要特征

农业作为人类社会发展的基石之一，承载着粮食生产、人类生存和社会经济发展的重要责任。深入了解农业的主要特征有助于我们把握农业发展的脉络，理解其在人类历史中的重要地位。下面我们从多个维度探讨农业的主要特征。

（一）粮食生产的基本目标

农业的首要任务是生产粮食，以满足人类的基本生存需求。种植农作物和养殖畜禽是农业的核心活动，而粮食、蔬菜、水果、肉类等农产品则直接参与人们的饮食。这一基本目标不仅关系到个体的健康，也是社会经济稳定的基础。

（二）季节性和周期性的生产特点

农业生产具有明显的季节性和周期性。不同农作物和畜禽有各自的生长季节，而农业活动也受到天候等自然因素的制约。农民需要根据季节的变化进行播种、收获等，形成农业生产的周期。

（三）依赖自然生态系统

与工业生产不同，农业高度依赖自然生态系统。农业生产需要合理利用土地、水资源，并依赖自然界的生态平衡来保证农作物和畜禽的健康生长。因此，农业的可持续发展需要考虑对生态环境的保护和可再生资源的有效利用。

（四）地域性和土地利用的多样性

农业在不同地区呈现出多样性。地理环境、气候条件和土壤特性等因素使得不同地区适宜不同类型的农业生产。例如，一些地区适合种植水稻，而另一些地区适合发展畜牧业。这种地域性和土地利用的多样性体现了农业的适应性和灵活性。

（五）劳动密集性与技术进步

传统农业以劳动密集为特点，农民通过手工劳动完成农业生产的各个环节。然而，随着科技的不断进步，现代农业逐渐引入了各种农业机械和先进技术，提高了生产效率。这种劳动密集性和技术进步之间的平衡，是农业发展过程中需要关注的重要问题。

（六）市场导向与商业化趋势

随着社会经济的发展，农业逐渐从自给自足的阶段过渡到市场导向和商业化的模式。农产品进入市场交易，农民的收入与市场需求挂钩。这种趋势推动了农业生产方式的变革，开始注重品质、品牌、营销等方面的因素。

（七）生态农业和可持续发展

面对日益严峻的环境问题，生态农业和可持续发展成为当代农业发展的重要方向。这种农业模式注重环境友好、资源可持续利用，以避免对生态系统的破坏。有机农业、生态农业的兴起体现了对传统农业模式的一种转变。

（八）农业与社会经济的紧密联系

农业不仅是粮食生产的活动，还与社会经济密切相关。农业的兴衰直接影响到国家的经济状况和社会稳定。农业作为一个产业，涉及农业生产、农产品加工、农村经济和农民生活等多个方面，与整个社会经济体系紧密相连。

（九）全球化与农业贸易

随着全球化的发展，农业也成为国际贸易的重要组成部分。不同国家和地区之间进行农产品的进出口，形成全球农业贸易网络。这种全球化趋势既为农产品提供了更广阔的市场，也带来了农业生产和食品安全等方面的新挑战。

（十）政策与农业发展的关系

政府的政策对农业发展有着深远的影响。农业补贴、土地政策、环保政策等都直接影响着农业生产的方式和效益。政府在农业领域的介入，既是为了保障农民的权益，也是为了促进农业的可持续发展。

为什么当前把农业作为弱质产业？

农业被认为是一种弱质产业的观点源于其在一些经济和社会方面相对较弱的表现。这一观点涉及多个层面，包括经济效益、技术水平、劳动力利用、市场竞争、资源利用率和政策支持等多个方面。接下来我们深入探讨为什么有人认为农业是弱质产业，以及这种观点背后可能存在的原因。

1. 经济效益相对低下

一些人认为农业是弱质产业的一个主要原因是其相对较低的经济效益。与一些现代工业和服务业相比，农业产值相对较低，农产品的价格波动性较大。这导致农民的收入不稳定，农业在国家经济中的贡献相对有限。农业往往受到自然灾害、气候变化等因素的影响，这也增加了经济不确定性。

2. 技术水平相对滞后

相对于一些高科技产业，农业的技术水平相对滞后被认为是其弱质的体现。传统的耕种和养殖方式在一些地区仍然占主导地位，而现代农业技术的普及和应用相对滞后。这导致了农业生产效率的提升较为缓慢，与其他产业相比，农业的技术创新相对滞后。

3. 劳动密集型与就业结构问题

农业往往是劳动密集型的产业，而劳动密集型的特点被一些人视为产业弱质的表现。随着城市化进程的推进，农村劳动力向城市流动，农业就业结构发生变化，但一些地区仍然存在大量农业劳动力。这使得一部分人认为农业在创造高质量就业岗位方面存在问题。

4. 市场竞争与农产品定价

农产品市场的竞争激烈，价格波动大，农民常常处于价格风险中。与其他产业相比，农产品的定价受到全球市场波动、国际贸易政策等多方面因素的影响，使得农业生产者难以稳定收益。这种市场的不确定性也被认为是农业相对弱质的体现。

5. 资源利用效率的问题

农业生产对土地、水资源等自然资源高度依赖，而一些农业实践可能导致资源过度利用和环境问题。这使得农业被批评为在资源利用效率方面存在问题，与可持续发展的要求相比，农业被认为相对较弱。

6. 政策支持的不足

一些观点认为，农业在一些国家的政策支持相对不足，导致农业发展缺乏有效的保障。缺乏良好的政策环境可能限制了农业的发展潜力，使其相对弱质化。

综上所述，农业作为人类社会的基本产业，其主要特征涵盖了生产目标、季节性、自然依赖、地域性、劳动密集性、市场导向、生态可持续性、社会经济联系、全球化和政策导向等多个方面。尽管农业在人类社会中扮演着不可替代的角色，但一些观点仍然将其视为弱质产业，主要基于其在经济效益、技术水平、劳动力利用、市场竞争、资源利用效率和政策支持等方面相对的弱势。然而，需要注意的是，农业的强弱是一个相对的概念，不同地区和国家的农业发展状况存在差异。在推动农业发展的过程中，综合考虑多方面因素，制定科学的政策和战略，有助于提升农业的整体质量和可持续性。

三、农业的起源

在人类最初的数百万年里，茂密的森林为祖先提供了丰富的食物。在距今大约1万年前，我们的祖先开始走出丛林种植农作物并定居，最终从采集狩猎者变成了粮食生产者，这一切究竟是什么原因造成的？

一是因为丛林中的危险。大自然是人类赖以生存的环境和衣食的来源，但是人类在向大自然的索取过程中也伴随着生死之争，在生存的博弈中，人类不仅仅是狩猎者，也是大型食肉动物的被猎食者。

二是因为气候的变化。大约1万年前，地球遭遇了一次冰川运动，随着冰川期的结束，人类的主要猎物逐渐减少，他们迫切需要能够提供稳定食源的方法。

通过观察，发现一种生在中国南方的野草叫野生稻，生在中国北方的野草叫狗尾巴草和野糜子，经过若干年的栽培，他们分别被我们的祖先驯化成水稻和谷子，这就是整个人类文明的起源。

1993年，中美联合考古队在江西省万年县仙人洞遗址发现了水稻的起源，马尼士博士认为最早的农业应该是人类在洞穴居住时期出现的。农耕经济的转变过程往往伴随着一个从洞穴遗址向平地遗址转变的过程。仙人洞遗址，距今1.2万年前后。距今1万年前后恰恰是世界农业起源的一个共同时期。

宁绍平原6000年前诞生了当时中国最为发达的稻作农业。2001年在余姚市距河姆渡遗址近7公里的地方，田螺山遗址发掘发现了古代稻谷，旁边还有骨耜，这是一次重要技术革命的关键所在，它的主要用途就是松土，反映生产力水平最重要的标志就是生产工具，说明当时稻作水平已经处于成熟的阶段。河姆渡文化又被称为耜耕文化。

农业生产需要一定的自然条件和社会条件的支持。气候温和、土壤肥沃的地区为农业提供了有利条件。人类在石器时代末期掌握了聚居生活方式，初步形成私有制，为农业生产创造了社会基础。此外，人类在狩猎采集阶段已经积累了一定的植物识别以及种植技术经验，为农业起源打下了基础。

考古研究表明，全球多个地区在新石器时代独立有了农业。其中以中东地区的农业起源最为著名。公元前8000年前后，位于黎凡特高原的第一批节水农业村落出现，人们开始驯化小麦、大麦和豌豆等农作物。此后，埃及尼罗河谷、印度次大陆、中国长江下游等地也在公元前5000—公元前3000年独立有了农业。

不同地区农业起源时种植的主要粮食作物也有区别。中东最早驯化小麦和大麦；埃及则以大麦和稻作为主粮；中国长江地区最早种植的粮食作物包括稻、粟和黍等。此外，各地还先后驯化了豆类、瓜果等经济作物。

这为早期人类提供了较稳定的粮食来源。

农业的发明极大影响了人类社会的发展。随着粮食产量的提高，人口数量迅速增加。人类从此转入定居生活，村落和城邦纷纷出现，社会结构也日益复杂。同时，农业的需求也促进了灌溉工程、农具和手工业的发展。文字书写也随农业管理需要而产生。这为文明的形成奠定了基础。

总体来说，农业的发明是人类文明进步史上的一个重大转折点。它结束了人类长期依靠采集的生存模式，确立了以种植为主的生产方式，极大地提高了人类的生产能力，为文明社会的形成提供了物质基础。在此基础上，人类各项文化也得到了更大的发展。所以，农业的发明可谓是推动人类文明的一个里程碑事件。农业的发明极大地推动了人类文明的进步，具有极其重要的历史意义。

农业的起源标志着人类文明的重大转折，人类从过去的狩猎采集生活逐渐转向了农业文明。在全球范围内，各种考古遗址提供了关于农业起源的珍贵信息。

我国与农业起源密切相关的几个重要考古遗址列举如下：

1. 河姆渡遗址

河姆渡遗址位于浙江省宁波市北仑区，是中国新石器时代的代表性遗址之一。该文明产生于公元前 5000 年左右，这个遗址在考古学上具有重要的地位。

河姆渡遗址的发现揭示了早期农业社会的迹象。在这里，考古学家发现了大量的水稻谷物、石器工具和陶器。这表明在河姆渡地区，早期居民已经开始进行水稻的种植和农业生产，为中国南方农业的发展提供了重要的实证。

2. 良渚古城遗址

良渚古城遗址位于浙江省杭州市西南部，是中国新石器时代晚期至青铜时代初期的古代城址。这个遗址被认为是中国最早的古代城市之一。

良渚古城遗址的发现证明了这里是一座高度发达的城市。在遗址中，考古学家发现了大量的水稻遗存、农田、陶器和青铜器等文物。这些发现表明，在良渚地区，早期居民已经实现了对水稻等农作物的高度种植和农业生产。

3. 上山遗址

上山遗址位于浙江省钱塘江支流浦阳江上游的金华市浦江县黄宅镇境内，面积2万多平方米，是长江中下游地区早期的新石器时代遗址。上山遗址有三个"最早"，分别是世界最早的炭化稻米、世界最早的彩陶和中国最早的定居村落遗迹。这背后可以概括出三个关键词：农业起源、村落之始、巍乎上山。

在上山考古遗址公园陈列馆里，陈列着一粒碳化的稻米，在放大镜和灯光下，其表面呈现出斑驳的焦黄色。这是2006年在上山遗址中发现的一粒完整的碳化稻米，是中国迄今为止发现的最早的一粒驯化稻米。它为"栽培水稻起源于中国"提供了最早的证据，是改写人类文明史的重要发现。

这是一份怎样的证据呢？农业科学研究表明，用显微镜观察水稻小穗轴，野生稻会呈现出比较光滑的结构，驯化稻（栽培稻）则比较粗糙。而这粒碳化的稻米已经有了驯化的痕迹，距今已将近1万年，属于驯化初级阶段的原始栽培稻。

水稻的耕种、收割和脱粒是稻作过程中重要的几个阶段，上山遗址中出土了大量与之相关联的石质工具。耕种前，上山人用石斧、砍砸器等除去灌木杂草，在沼泽湿地中播撒稻种。稻米成熟后，再利用镰形器和石片石器等割取稻穗。最后将稻谷放在石磨盘上，利用石磨棒搓磨，可以达到高效率脱粒效果，获得洁白、清香的稻米。研究者对镰形器、石片石器、石磨盘、石磨棒等工具的植硅石和微痕分析，同样证实了上山遗址的水稻是经过人工驯化的栽培稻。

后来，在义乌桥头遗址、仙居下汤遗址、永康湖西遗址均发现了数量丰富的上山遗址的碳化稻米，这表明在上山文化中晚期水稻的食用更加普遍。

上山是世界稻作农业的起源地，为了让人们充分了解水稻在中国的种植历史与发展,上山考古遗址公园打造了田间博物馆,种植了中华人民共和国成立以来 60 多个各年代种植推广的水稻品种,这是全国首个稻作博物馆。

2020 年,在上山遗址发现 20 周年之际,"世界杂交水稻之父"袁隆平写下"万年上山 世界稻源"的题词。

4. 仙人洞与吊桶环遗址

位于江西省万年县的仙人洞与吊桶环遗址是一处罕见的世界级洞穴遗址,年代距今 35000 年至 9000 年。该遗址先后发现了距今 12000 年前的人工栽培稻植硅石,以及 20000 年前的人工制品陶器,揭示了人类由旧石器时代晚期、末期向新石器时代早期过渡这一重要历史历程,在探索中国乃至世界文明起源问题上有着不可忽视的重要地位。

5. 陕西半坡遗址

半坡遗址位于陕西省,是中国北方早期农业社会的代表性遗址。发现于公元前 5000 年左右的半坡遗址中,出土了大量的陶器、农具和动植物遗骸,显示出居民从事农业和畜牧业的迹象。这为中国北方农业的形成提供了关键的考古证据。

6. 兴隆沟遗址

2003 年,中国社会科学院考古研究所在位于西辽河流域的兴隆沟遗址发现了 1500 余粒碳化粟和黍的籽粒,经测定,这些籽粒距今已有 8000 年,是最早人工栽植形态的谷物。该遗址位于敖汉旗东部,属于距今 8000 年前的兴隆洼文化。西辽河流域提供了充足的水源,加之粟、黍的生命力顽强,完全具备农业发展的条件。因此,我国北方旱作农业可能不止一个起源地,至少应包括黄河流域和西辽河流域两个起源中心。

粟,亦名稷,俗称谷子,去壳即小米,是起源于中国的古老作物,粟在古代位居五谷之首。作为最早被驯化的植物之一,小米曾是撒哈拉以南非洲和亚洲等地的传统主食作物。在兴隆沟遗址发现之前,关于中国小米的起源问题,学者认为可能的三大区域为西辽河流域、太行山东麓、黄河中游,而敖汉旗正好处于西辽河流域。

20 世纪 80 年代初,位于敖汉旗东部的兴隆沟遗址(距今 8000—7500 年)在文物普查时首次被发现。2001—2003 年,中国社会科学院考古研究所内蒙古第一工作队对该遗址进行了 3 次考古发掘,采用浮选法获取经过人工栽培的碳化粟、黍的籽粒 1500 余粒。经碳 14 测定,这些炭化粟、黍距今约 8000 年,其中的黍是目前已知世界人工栽培最早的谷物,距今约 7600 年,比此前中欧地区发现的谷物早了 2700 年。发现的碳化粟、黍的籽粒表明当地是以粟、黍为主的旱作农业起源地。敖汉地区被确认为北方旱作农业重要起源地之一,为探讨北方旱作农业起源及早期传播提供了重要考古实证。

7. 磁山文化遗址

磁山文化遗址是我国黄河流域新石器时代较早期的遗址,位于河北省武安市磁山村东南 1 公里的台地上,是人类文化发展史上的一颗璀璨明珠。磁山遗址经多次发掘,发现了房址、灰坑、沟壕等遗迹。出土了富于特征的大平底筒形盂、鸟头形支脚、三足钵、深腹罐、长颈壶、平底钵、圈足罐等陶器,以及石磨盘石磨棒等各种石器、骨器和祭祀品,还有 23 种动物骨骼和植物种子标本等。粟黍的出土其规模之大、数量之多实属罕见。在出土文物中,家鸡的饲养,核桃的栽培堪称世界之最。其中挖掘出土的储粮窖穴是我国目前发现的规模最大、时代最早的储粮窖穴。

在史前时期,对于整个社会经济文化具有决定性影响的是农业。农业的发明,实现了从攫取性经济到生产性经济的转变,给人们的日常生活带来了翻天覆地的变化,这对于人类历史实在是一件划时代的大事,有人称之为"农业革命"。可以说,自从人类发明了农业,才算真正踏上了通向文明社会的征程。

这些考古遗址提供了对农业起源和发展过程的直观见证,中国多个遗址为我们揭示了早期农业社会的面貌。这些遗址的发现丰富了我们对中国古代农业的认识,同时也为全球农业文明的研究提供了重要的参考。

四、CSA 农业在农文旅融合中的作用

CSA(Community Supported Agriculture)农业是一种基于社区支持的农

业模式,旨在建立农民与社区成员之间的紧密联系,通过共享农业产出和农业风险,实现可持续农业和社区发展。CSA 农业在农文旅融合发展中将发挥重要作用。

(一) CSA 农业的含义

CSA 农业是一种合作农业模式,其核心理念是建立农民与社区成员之间的直接关系,通过社区的支持,共同分享农业产出和农业风险。社区成员通常在农季开始前支付一定费用作为对农民的支持,以换取在农季内获得新鲜的农产品。

(二) CSA 农业的特征

1. 直接销售与社区支持

CSA 农业的主要特征之一是绕过传统的销售渠道,直接销售农产品给社区成员。社区成员通过预先支付的方式提供经济支持,帮助农民在农季开始前获得资金,降低了销售的不确定性。

2. 分担农业风险

CSA 模式下,社区成员与农民共担农业风险。无论是天气灾害、病虫害,还是其他不可控因素,社区成员都与农民分享农业产出的喜悦和农业损失的风险,强化了社区的凝聚力。

3. 多样性的农产品供应

CSA 农业通常提供多样性的农产品,取决于当地气候和土地条件。社区成员可以期待在季节性的农产品中获得新鲜的蔬菜、水果、乳制品等,增加食物的多样性。

4. 农业教育与透明度

CSA 农业模式倡导农业教育,使社区成员更了解农业生产过程、农产品的生长周期和面临的挑战。透明度是 CSA 的重要特征,社区成员能够更直观地了解他们所购买的食品的生产背景。

(三) CSA 农业在农文旅融合中的作用

1. 促进本地农产品流通

CSA 农业通过建立与当地社区的紧密联系,为消费者提供了一个直接的农产品流通渠道。在农文旅融合中，这有助于推动本地农产品的流通，满足旅游者和当地居民对新鲜、本地产的需求，同时促进了农产品的本地化消费。

2. 提供农业体验和互动

CSA 农业通常鼓励社区成员亲自参与农业活动，如采摘、种植等。在农文旅融合中，这为游客提供了参与式的农业体验。旅游者可以参与农业活动，了解农业生产过程，感受农村生活，增强他们对本地文化和农业的理解。

3. 支持农业可持续性

CSA 农业通常注重可持续农业实践，如有机农业、农产品多样性、循环农业等。在农文旅融合中，这有助于保护当地环境、提高农业的生态效益，并向游客展示农业可持续性的重要性，推动他们更加关注环境保护和可持续发展。

4. 创造社区共同体验

CSA 农业建立了社区与农业之间的紧密联系，形成一个共同体验的社区。在农文旅融合中，这种社区感可以延伸到游客和当地居民之间，共同参与农业活动、分享农产品，促进社区的融合和互动。

5. 提供本地美食体验

CSA 农业产出的本地农产品为农文旅提供了丰富的本地美食资源。游者可以品尝到当地生产的新鲜食材，体验到地道的农村美食。这不仅满足了游客对美食的需求，同时也促进了当地农产品的销售。

6. 创造经济机会

CSA 农业的发展为农文旅提供了创造经济机会的平台。通过发展 CSA 项目，农文旅能够支持当地农业产业，创造就业机会，以提高当地居民的收入水平，促进经济的繁荣和可持续发展。

综合来看，CSA 农业在农文旅融合中起到了连接农业与社区、提升农业体验、推动可持续发展、促进社区互动等多重作用，为农文旅的融合发展提供了重要支持。

（四）前景

1. 可持续发展

CSA 农业被认为是可持续农业的一种模式。通过建立直接的农民—社区关系，减少了食物运输和包装的需求，降低了碳排放。同时，CSA 模式鼓励农民采用有机农业和进行农业多样性的实践，有助于保护生态系统。

2. 促进本地经济

CSA 模式有助于促进本地经济的发展。社区成员的支持直接流向当地农民，增加了农业的经济韧性，同时带动了周边社区的经济活动。

3. 食品安全与健康

CSA 农业提供的食品通常更为新鲜、健康，因为它们没有经过长途运输或过多的加工。社区成员可以更加放心地了解他们所消费的食品的来源和生产过程，从而提高食品安全意识。

4. 社区凝聚力

通过建立紧密的农民—社区联系，CSA 农业有助于增强社区凝聚力。社区成员参与农业决策，分享农业的喜悦和挑战，建立起更加紧密的社交网络。

在未来，随着人们对可持续性和食品质量关注的增加，CSA 农业有望在全球范围内得到进一步的发展和推广。其独有的特征使其成为一个有吸引力的农业模式，为农民、社区成员和整个社会带来多方面的利益。

五、未来农业发展的主要趋势

（一）未来农业的含义

在讨论"未来农业"之前，我们先来说说什么是传统农业。

传统农业的基本特征：

（1）以一家一户的小农户为生产单位的自给自足的自然经济。

（2）以人力、畜力及简单的劳动工具为基本生产资料。

（3）生产方式原始和落后。

（4）以农作物的种植和初级农产品交易为主要收入来源。

（5）从业者仅能够提供自身劳动力和个体有限的经验。

（6）在社会的工业化和快速变动的社会结构调整过程中，承受不公平的挤压。

所谓未来农业，是相对于传统农业提出的，指广泛应用现代科学技术、现代工业提供的生产资料和科学管理方法的社会化农业，相对于分户小规模生产形式的传统农业，它是一种高投入、高产出的农业新形态。这个"新"代表很多方面，比如新思维、新模式、新技术、新形式、新产品、新文化。

（二）未来农业是一种新形态

1. 新思维

过去传统的农业方式销路单一，经常出现农产品卖不出去、最后变质只能扔掉的情况。但是到了现在，不少人都能结合时代发展，让自己有互联网思维，通过电商、直播等平台的方式，将自己的产品卖到全国各地，有些掌握了门道的经营者不仅不用担心货卖不出去，甚至一上架就卖空。

2. 新模式

以往农民普通的耕种、收获过程不同，新的模式涌现，让农业出现多种业态，比如众筹农业、生态农业、家庭农场等新模式，让农业往精品方向发展的同时，也能获取更高的收益。

3. 新技术

科技的发展无疑给农业带来了巨大的助益，农产品的生产、育种、育苗、物流等各个阶段都因为有了现代化信息技术而变得更加高效和便捷。从靠人、靠机械，再到靠数据、靠人工智能、靠机器人……每一步也是人的进步。未来农业的典型——无人农场，中国工程院院士罗锡文用了五句话来概括无人农场："耕种管收生产环节全覆盖；机库田间转移作业全自动；自动避障异况停车保安全；作物生产过程实施全监控；智能决策精准作业全无人。"无人农场的本质是实现机器换人。另外，无人农场通过对农业生产资源、环境、种养对象、装备等各要素的在线化、数据化，实现对种植养殖对象的精准化管理、生产过程的智能化决策和无人化作业，其中物联网、大数据与云计算、人工智能与机器人三大技术起关键性作用。无人农场想要实现"无人"的情况，就需要做到技术、科技、数字、人工智能、机器、信息技术等的综合应用。关于它的核心技术有以下4个方面：

物联网技术：确保动植物生长的环境，动态感知动植物的生长状态，提供关键参数、技术参数来获取可靠保证，以确保装备间的实时通信。

云计算大数据技术：提供农场多源异构数据的处理技术，进行去粗存精、去伪存真、分类等处理方法，在众多数据中挖掘分析，形成规律性的农场管理知识库，存储各类数据，形成历史数据，以备管控，随时学习与调用，还能与云计算技术和边缘计算技术结合，形成高效的计算能力，确保农场作业，特别是机具作业的迅速反应。

人工智能技术：给装备端识别、学习、导航和作业能力，另外为农场云管控平台提供基于大数据的搜索、学习、挖掘、推理与决策技术，复杂的计算与推理都交由云平台解决，给装备以智能的大脑。

农业机器人设备：无人农场的核心。在物联网技术、云计算、人工智能技术及5G信息技术的加持下，植保无人机、插秧机、收割机、采摘机等智能设备、智能农机成功替代了"人"，并执行相关的命令及操作，完成播种、耕作、病虫害监测、收割、采摘等农事作业。

美国国家科学院、工程院和医学院联合发布了题为 Science Breakthroughs to Advance Food and Agricultural Research by 2030 的研究报告，描述了美国科学家眼中农业领域亟待突破的五大研究方向。

第一，整体思维和系统认知分析技术是实现农业科技突破的首要前提。农业系统是复杂巨系统，已经很难再依靠"点"上的技术突破实现整体提升。报告建议将跨学科研究和系统方法作为解决重大关键问题的首选项。系统认知就是要从系统的要素构成、互作机理和耦合作用来探索问题解决的途径。"山水林田湖草是一个生命共同体",农业领域的科学突破必须突破单要素思维,从资源利用、运作效率、系统弹性和可持续性的整体维度进行思考。我国农业生态效率不高、竞争力不强、生态不可持续的问题主要是在土地资源的利用方式上。因此,农业领域的科技突破需要从土地资源的治理、修复、提升入手。

第二,新一代传感器技术将成为推动农业领域进步的底层驱动技术。量值定义世界,精准决定未来。美国将高精度、精准、可现场部署的传感器以及生物传感器的开发、应用作为未来技术突破的关键。当前传感器技术已经被广泛应用在农业领域,但主要还集中在对单个特征如温度的测量上,如果要同时了解整个系统运行的机理,那么连续监测多个特征的联动能力才是关键。值得注意的是,新一代传感器技术不仅仅包括对物理环境、生物性状的监测和整合,更包括运用材料科学及微电子、纳米技术创造的新型纳米和生物传感器,对诸如水分子、病原体、微生物在跨越土壤、动植物、环境时的循环运动过程进行监控。新一代传感器所具备的快速检测、连续监测、实时反馈能力,将为系统认知提供数据基础,赋予人类"防治未病"的能力,即在出现病症前就能发现问题并解决问题。如果能在资源要素的利用环节即可精准发现和定量识别可能出现的风险问题,并能够实时进行优化调整,将彻底改变我国农业生产利用方式。因此,新一代传感器技术将是我国必须掌握的关键技术。

第三,数据科学和信息技术是农业领域的战略性关键技术。数据科学和分析工具的进步为提升农业领域研究和知识应用提供了重要的突破机遇。报告称,尽管收集了大量粮食、农业、资源等各类数据,但由于实验室研究和生产实践中的数据一直处于彼此脱节的状态,缺乏有效的工具来广泛使用已有的数据、知识和模型。大数据、人工智能、机器学习、区块链等技术的发展,为其提供了更快速地收集、分析、存储、共享和集成异构数据的能力和高级分析方法。换句话说,数据科学和信息技术能够极大地提高对复杂问题的解决能力,将农业、资源等相关领域的大量研究成果应用在生产实践中,在动态变化条件下自动整合数据并进行实时建模,促进形成数据驱动的智慧管控。

第四，突破性的基因组学和精准育种技术应当鼓励并采用。随着基因编辑技术的出现，有针对性的遗传改良可以以传统方法无法实现的方式对植物和动物进行改良。通过将基因组信息、先进育种技术和精确育种方法纳入常规育种和选择计划，可以精确、快速地改善对农业生产力和农产品质量有重要影响的生物性状。这种能力为培育新作物和土壤微生物、开发抗病动植物、控制生物对压力的反应，以及挖掘有用基因的生物多样性等技术打开了大门。应当鼓励并采用其中一些突破性技术，提高农业生产力、抗病抗旱能力以及农产品的营养价值。

第五，微生物组技术对认知和理解农业系统运行至关重要。通过近年来大量的研究报道，我们知道了人体微生物对身体健康的重要性，相比而言我们对农业中土壤、植物和动物的微生物组及其影响还不够了解。随着利用越来越复杂的工具探测农业微生物组，美国有望在未来十年实现突破性进展，建立其农业微生物数据库，更好地理解分子水平土壤、植物和动物微生物组之间的相互作用，并通过改善土壤结构、提高饲料效率和养分利用率以及提高对环境和疾病的抵抗力等增强农业生产力和弹性，甚至彻底改变农业。其中，土壤和植物微生物组之间的相互作用表征至关重要。土壤微生物组与气候变化中的碳、氮和诸多其他要素的循环息息相关，并通过一些尚未被人类认知的过程影响着全球关键生态系统服务功能。加深对基本微生物组成部分的理解以及强化它们在养分循环中的作用对确保全球可持续农业生产至关重要。

未来十年，美国将围绕系统认知分析、精准动态感知、数据科学、基因编辑、微生物组五大关键技术寻求农业领域的科技突破。这同样是未来我国农业领域必须努力、不可或缺的关键核心技术。同时，立足我国地薄质劣的资源国情，我国科学家还需要在几个颠覆现在、引领未来、开创时代的重要领域，在山水林田湖草生命共同体重大科学问题、土地资源安全与管控现代工程技术难题上取得突破。聚焦精准调查、精细感知、精明治理的科学技术体系，在一些关键核心技术上取得突破性进展，比如耕地质量大数据、耕地健康诊断技术、生态良田构建技术、土壤生物多样性保护和耕地养护技术、耕地系统演化模拟仿真技术；对一些重点区域进行修复治理，比如黑土地整体保护、黄河流域系统修复、盐碱地沙土地综合治理；在国家发展的重大需求方面全力以赴，比如全球变化与低碳耕作制度研究、耕地资源智慧监测等。新一轮科技革命和产业正在重构全球创新版图，需要规划好未来技术发展的路线图，明确创新主攻方向，确定耕地资源是不可或缺的一环。

4. 新形式

从家庭经济到合作经济再到托管经济，以全程的"土地托管"和部分环节的"生产性托管"为代表的托管经济，可以有效避开土地所有权、承包权和经营权等现行制度性的障碍，可以迅速和低成本实现规模化生产和经营。

5. 新产品

多样性：多样性本身就是农业的基本特性。在色、香、味、形、体验等方面不断创新，在各个细分市场深度开掘，这是新农业的发展机遇。

新品质：农产品生产过程漫长，不可控因素多。新农业要能够做到生产过程和产品品质的可控、安全、绿色和有机等，满足不同消费群体不断提升的对于产品的需求。

新品牌：农业生产因地而异，顺天应时，每个地区都有自己得天独厚的特色和优势。如何在保障质量的基础上强化和固化自身产品的特色，坚持打造自主品牌并被消费者认知，既是挑战也是机遇。

6. 新文化

重视农业文化的传承与创新，挖掘农业文化遗产，弘扬农耕文明。同时，结合现代文化元素，打造具有地方特色的农业文化品牌，提升农业的文化价值。

现代农业新文化应以科技为核心驱动力。通过引入先进的农业技术和装备，提高农业生产的效率和质量，促进农业的可持续发展。强调绿色生态理念，推动农业向生态化、有机化方向发展。同时，鼓励农民采用生态循环农业模式，提高资源利用效率。结合农耕景观美学，进行梯田修复、湿地恢复、生物多样性保护等工作，打造兼具生产、生态、景观功能的田园综合体和乡村综合体。

现代农业新文化建设要重视文化创意产业融合。包括农耕艺术创作、手工艺品开发等。农耕艺术创作，即将农耕元素融入绘画、雕塑、摄影、装置艺术等现代艺术形式，举办农耕文化艺术节、展览，提升农耕文化的艺术价值和社会影响力。手工艺品开发，即发掘和保护传统农耕手工艺，如草编、竹编、陶艺等，将其转化为旅游纪念品或高端艺术品，推动非物质文化遗产的传承与市场化。

随着科技的进步，现代农业产业结构将越来越优化，与文化、旅游等多行业的跨界深度整合，将成为未来发展的主流方向。

第二节 文 化

一、文化的涵义

文化是人类社会在长期历史实践中积累和发展的成果，包括人类社会在思想、信仰、艺术、道德、法律、习惯等各个方面的总和。文化是明天的生产力。亨廷顿指出，文化的重要作用是用价值观影响人类的进步。

文化的内涵主要包括：

（1）精神文化，如思想、信仰、道德观念等。

（2）物质文化，如科技、生产方式、生活方式等。

（3）艺术文化，如文学、音乐、美术、舞蹈等。

（4）组织文化，如政治制度、法律体系、企业文化等。

文化的涵盖面极广，几乎包括了人类社会生活的方方面面，因此对文化的分类也林林总总。

对中国文化也有许多解释。梁漱溟认为，中国文化以意欲自为、调和、持中为其根本精神。楼宇烈认为，以人为本的人文精神是中国文化最根本的精神。汤一介认为，在中国传统文化中存在着一种非常突出的"普遍和谐"的观念，而且它体现在儒道或者儒释道三家的思想之中，虽然儒释道在这个问题上的具体看法不同，但他们在主张"自然的和谐""人与自然的和谐""人与人的和谐"问题上却有着共同的趋向，把追求"普遍和谐"作为中国文化的特点，也许更能全面地体现中国文化的本质。张岱年等认为，中国文化的基本精神包括天人合一、以人为本、刚健有为、贵和尚中四个方面。

二、文化的特征

文化是人类社会发展的重要组成部分，它承载着历史、价值观念、艺术创作等多方面的内涵。文化的主要特征涉及广泛，包括但不限于价值观、传承性、创造性、符号性等多个方面。在深入探讨文化的主要特征时，我们可以从以下 10 个方面入手：

1. 价值观念的传承与承载

文化的核心特征之一是承载着一定的价值观念。这些价值观念涵盖了人们对生命、道德、社会秩序等方面的认知和评价。文化通过语言、习俗、宗教等形式，将这些价值观念代代相传，形成一种共同的文化认同。这种传承有助于社会的稳定和共同价值的传递。

2. 传承性与创新性的平衡

文化具有传承性，是一代代人传承下来的积累。然而，文化并非僵化不变，它还具有创新性。人们在面对新的社会、经济、科技变革时，通过创造性的思维和行动，使文化不断发展、适应新的环境。这种传承性与创新性的平衡，使文化具有生命力和时代性。

3. 符号与意义的表达

文化是通过符号系统来传递信息和表达意义的。语言、艺术、象征物等都是文化中的符号，它们具有特定的含义和象征意义。通过符号的运用，人们能够在文化中沟通、交流，并传递情感、思想和知识。符号性是文化中极为重要的特征，它赋予文化深刻的象征意义。

4. 群体性与社群认同

文化是群体性的，它在一个社群中形成，通过共同的历史、语言、习惯等因素，促使社群成员形成共同的文化认同。文化通过群体性的传播和共享，增强了社群的凝聚力，形成共同体验和归属感。社群认同是文化的一项重要特征，它为社会团结和稳定提供了支撑。

5. 多元性与文化交融

文化具有多元性，不同地区、不同族群、不同历史阶段的文化都各具特色。文化之间的多元性不仅表现为差异，更表现为相互交融和影响。通过文化的交流和融合，不同文化之间相互借鉴并创造出新的文化形式。这种多元性与交融使文化更加丰富多彩，促进了文化的繁荣。

6. 文化与身份认同的关联

文化与个体或群体的身份认同密切相关。个体在社会中通过接受、继承和创造文化，形成自己的文化身份。这种身份认同既是对自我认知的体现，也是与他人互动的基础。通过文化的传承和表达，个体能够在社会中找到归属感和认同感。

7. 历史性与当代性的结合

文化具有历史性，是过去经验的积累。但与此同时，文化也与当代社会密切相关。文化在历史的长河中不断演变，不断适应新的社会条件。这种历史性与当代性的结合使文化既有深厚的根基，又能够在当代社会中发挥重要作用。

8. 对自然与宇宙的理解

文化反映了人类对自然和宇宙的理解。宗教、神话、艺术等都是人类对未知的探索和对宇宙奥秘的思考。文化通过各种形式表达人类对自然力量、生命起源等问题的理解，构建了一种超越日常生活的精神世界。

9. 文化与技术的互动

文化与技术是相互影响、相互塑造的。技术的进步为文化的创新提供了新的工具和媒介，而文化的需求也推动了技术的发展。这种互动促使文化与科技紧密结合，共同推动社会的发展。

10. 文化的包容性与普适性

文化在包容性和普适性之间取得平衡。一方面，文化是独特的，承载着特定社群的历史和传统；另一方面，文化也具有普适性，能够跨越地域和时空的界限，成为全人类共同的精神财富。这种包容性与普适性使文化在全球化时代具有更广泛的影响力。

综合来看，文化是人类创造的一种精神财富，具有多重特征。这些特征相互交织、相互影响，共同构成了文化的丰富内涵。文化不仅是社会的基石，更是人类共同体验和创造的精神家园。通过深入理解文化的主要特征，人们能够更好地认知自身、理解他人，推动文化的传承与创新，促进社会的和谐与进步。

三、文化的起源

文化的产生与人类社会的形成和发展息息相关。随着人类生存环境的变化和生产力的不断发展，人类文化从最初的原始文化逐步发展成熟，形成今天复杂多样的文化形态。

旧石器时代是人类文化起源的重要阶段。30万～10万年前，使用简单的石头和骨头制作的工具是这一时期人类最主要的文化标志。通过使用工具，人类逐步掌握了狩猎、采集等生存技能，这为日后文化的产生奠定了基础。

10万～5万年前的中石器时代，人类开始使用更先进的制作技术，掌握了火的使用，这极大提升了生产力。人类社会也出现了初级分工，工具种类日益增多，如磨石、箭头等，这标志着人类文化的进一步发展。

新石器时代约始于公元前8000年，这是人类文化真正起步的重要时期。人类学习了农业和畜牧业，定居生活开始兴起，社会分工明显加深。同时，各种文化成果如陶器、织物等应运而生，人类语言也迈向发展。

进入青铜时代后，人类用青铜制作各种工具、兵器，生产力和社会生产关系得到进一步发展。原始宗教和图腾崇拜逐渐演变成为各种复杂的宗教体系，艺术也得到了全面发展。

铁器时代后，随着冶铁术的发明和应用，人类生产力实现一个新的飞跃。各种文明如古埃及文明、古巴比伦文明等崛起，书写文字也随之产生，这为人类文化的繁荣奠定了基础。

总之，在数十万年的漫长历史中，随着人类社会生产力的不断发展，人类文化不断演变和丰富，从最初的原始状态逐步形成了今天多样而复杂的文化体系，这体现了文化发展的历史规律。

四、文化发展的主要趋势

文化是人类社会发展的重要组成部分，而文化发展的趋势直接反映了社会变革和人类思想观念的演进。随着全球化、数字化和个性化等因素的影响，文化发展正呈现出多样化和复杂化的特征。本小节将从全球化、数字化、个性化、内涵化和多元整合等方面探讨文化发展的主要趋势，揭示当代文化发展的面貌和特点。

（一）全球化：不同文化之间交流互鉴日益频繁

全球化是当今世界文化发展的主要趋势之一。随着经济、科技和交通的全球化，不同文化之间的交流与融合日益频繁。全球化使得信息传播更加便捷，人们能够更轻松地接触到来自世界各地的文化产品和观念。同时，全球化也带来了文化多样性的挑战，传统文化面临着外部文化的冲击和影响，需要更加积极地保护和传承。

（二）数字化：科技手段深入影响和改变文化传播与消费

数字化是当代文化发展的又一重要趋势。随着信息技术的快速发展，数字化手段深入影响和改变了文化的传播与消费方式。互联网、社交媒体、数字娱乐等平台为人们提供了丰富多样的文化体验和交流途径。数字化不仅丰富了文化形式，也拓展了文化传播的范围，但同时也带来了文化内容的碎片化和传播失控的问题。

（三）个性化：文化体现个人需求和选择的特点日益显著

个性化是当代文化发展的显著特点之一。随着生活水平的提高和社变革的加速，人们对文化产品和服务的个性化需求日益凸显。文化不再是统一的、大众化的，而是更加注重个体的需求和选择。个性化文化产品和定制化服务不断涌现，满足了人们多样化、个性化的审美和需求。

（四）内涵化：文化走向内涵和质的发展

内涵化是文化发展的重要方向之一。随着社会发展和人们精神需求的提升，文化走向内涵和质的发展成为当今文化发展的重要趋势。人们更加关注文化的深层次内涵和精神价值，追求精神生活的丰富和内涵的提升。内涵化文化体现了人们对高品质文化生活的追求和向往，是文化发展向更高层次迈进的重要标志。

（五）多元整合化：不同文化在互相借鉴中实现融合与整合

多元整合化是文化发展的必然选择。在全球化和数字化的影响下，不同文化在互相借鉴、交流中实现融合与整合。多元文化在共存中相互影响、相互促进，形成丰富多彩的文化生态系统。多元整合既是文化发展的内在要求，也是构建和谐文化社会的重要途径。

随着农文旅融合的不断发展，我国文化遗产旅游已逐渐成为满足人民美好生活需要、推动高质量发展的有力支撑。文化遗产承载着丰富的遗产价值和精神文化内涵，是游客领会文化魅力、升华民族情怀、感悟价值内涵、达成物我认同的重要场域，更是凝聚民族情感、汇聚多元认同、铸牢中华民族共同体意识的重要载体。遗产地游客价值感知是形塑其旅游实践过程中遗产认同的重要因素。遗产认同由 heritage identity 翻译而来，是多元认同的重要维度，游客基于遗产地的价值感知赋予遗产认同某种特定的地方性联结与意义。何银春等认为，游客在遗产价值感知过程中通过动机驱使、具身感知、情感湍流、认知升华等方式，最终生成遗产认同。动机驱使是价值感知影响遗产认同的逻辑起点，主动寻求型动机对游客遗产认同的建构、强化作用更明显。具身感知是价值感知影响遗产认同的外在方式，通过五感连接游客个体与遗产地并建立持续性关联，消除了主体与客体间的二元对立。情感湍流则是内在方式，通过变化、发展着的情绪情感不断选择、矫正遗产认同。认知升华是游客价值感知的意识途径，通过认知基础、真实性感知、记忆唤醒和想象模拟实现自我价值的更新与发展，最终生成遗产认同。

当前农文旅融合的成功案例都有个共同点，就是深谙"文旅融合，以文为先"之道，绵长发力，不打一时一日之役。要"化文为旅"，文艺、非遗这些"文"都要变成"旅"，这个"旅"为广义的旅，包括研学、文创等，都要变成产业；还要"化民为善"，老百姓善良了，就愿意来投资，民众的善良就是生产力，乡贤一定要"贤"，不能变成"乡霸"。另外还要"化资为产"，把资金、资源变为"产"，盘活闲置资源、资金，庭院经济也可做成文化艺术旅游综合体。

文化发展的主要趋势反映了当代社会的变革和人们思想观念的演进。全球化、数字化、个性化、内涵化和多元整合等因素共同影响着文化的发展方向和形态。了解和把握文化发展的主要趋势，有助于推动文化建设的深入发展，促进文化创新与传承的良性循环，为构建人类命运共同体贡献智慧和力量。在未来，随着社会变革的不断深化和科技进步的加速推进，文化发展的新趋势和新特点也将不断涌现，呈现出更加丰富多彩的面貌。

第三节　旅　　游

旅游是人的刚需，旅游是人的基本权利。联合国大会1948年通过的《世界人权宣言》明确指出，自由迁徙和居住是人的基本权利。毫无疑问，旅游活动，本质上就是一种离开常住地的异地体验。与此同时，《世界人权宣言》还明确"人人有享受休息和闲暇的权利，包括工作时间有合理限制和定期给薪休假的权利"，这些都与旅游休戚相关。作为世界旅游领域的纲领性文件，1980年世界旅游组织发表《马尼拉世界旅游宣言》明确强调："旅游是人类社会的基本需要之一。旅游应是人人享有的权利。""旅游是人们的一种积极休息，能够强烈而深刻地表达人的本性。"

一、旅游的含义

旅游是指出于休闲、娱乐或其他非商业目的，人们在自己居住地以外的地方进行短期停留的一种社会经济活动。旅行的意义在于暂时脱离眼前的事，去寻找心向往之的东西。

旅游与文化从来就是相生相伴、相互交融。中华民族崇尚"读万卷书，行万里路"。这句话，出自明代画家董其昌先生。他在《画旨》中写道："画家六法，一曰气韵生动。'气韵'不可学，此生而知之，自然天授。然亦有学得处，读万卷书，行万里路，胸中脱去尘浊，自然丘壑内营，立成鄄鄂。"你要想追求气韵，当然难能可贵，但气韵是天生的，硬学是学不来的。而通过读万卷书，行万里路可以使你得到提升，使你把要画的东西了然于胸，美丽壮观的丘壑、鄄鄂才能逼真传神地画出来。董其昌的经历值得我们研究，他是画家，同时也是一位"旅游达人"，在他的身上就体现了文化和旅游的融合。他的很多很好的作品来自旅途中的采风和感悟，没有读万卷书，行万里路，胸中怎么可能有华彩和感悟呢？从历史记载来看，许多文人是长寿的，但是也不尽然，是否长寿还有一个因素，是不是注意锻炼？是不是喜欢旅游？是不是旅游达人？喜欢旅游的文化人一般比较长寿，这好像是一条规律。董其昌享年81岁，考虑到明朝的医疗条件，81岁相当于现在的100多岁了！孔子、孔圣人、文化鼻祖，同时也是著名的"旅游达人"，周游列国的人不是"旅游达人"吗？他不是天天在家里进行远程授课，而是跨国游说，向弟子当面讲授，不停地跑来跑去。他享年72岁。春秋战国时代活到72岁，不相当于现在的100多岁？南宋杰出大诗人陆游，创作了多少脍炙人口的文学作品，他自云："九十年间万首诗"。20世纪60年代初毛主席曾和其《卜算子·咏梅》："俏也不争春，只把春来报。待到山花烂漫时，她在丛中笑。"陆游是著名的爱国诗人，征战前线，曾有铁马秋风大散关的军旅生活，《示儿》写道："王师北定中原日，家祭无忘告乃翁！"他游历过很多地方，享年85岁。文化和旅游融合发展不是简单相加，而是有机融合，不是简单的物理叠加，而应是复合的化学反应。这种融合，一定能取得"1+1>2"的效果。

其实，诗和远方本应走在一起。自古文化与旅游就有紧密联系，而且是内在联系。中国古代文献中，关于"旅"的含义很多。其中之一见《管子·小匡》："卫人出旅于曹。"注曰："旅，客也。"《易·旅·疏》："旅者，客寄之名，羁旅之称，失其本居而寄他方，谓之为旅。"

关于"游"，有重要意义的是孔子劝弟子们"游于艺"。宋人赵顺孙认为："游者，玩物适情之谓。"古代中国人的许多出游，尽管方式、内容等千差万别，但相同的是它们都注入了时代的、特有的、丰富的文化内涵。如外出求学，为"游学"；异地做官，为"宦游"；僧侣出游，为"游方"，等等。中国古代文化对旅游的笔墨并不少，而且很系统。

由此可见，"旅"仅是人们的空间移动行为，而当其被赋予"艺""玩物适情"等文化元素后，就从行走或旅行变成旅游了。换言之，只有赋予文化内涵的行走，才是旅游；只有赋予文化内涵的旅行，才是旅游；只有赋予文化内涵的空间移动，才是旅游。由此，文化与旅游的紧密联系不是不言自明吗？而且，这种联系不是一般的联系，而是内在联系、有机联系、天然联系。

旅游业是一个开放性的产业。说旅游是软实力，这是由旅游的文化特性决定的。但是，旅游不仅是软实力，更是一种硬实力，这是由旅游业的经济属性和产业功能决定的。它作为关联度很大的综合性产业，不可能走封闭的自循环发展道路，必须向开放的"旅游+"融合发展转变，应充分发挥旅游业的拉动力、融合能力以及催化、集成作用。近年来，旅游业作为带动性强的综合性产业，成为全球经济平稳发展的重要支点。旅游业成为促进就业的生力军，正成为全球共识。根据WTTC发布的数据，全球超过3.19亿人的工作是依赖旅游业提供的，占全部就业人口的10%。也就是说，全世界每10个就业岗位中，就有1个和旅游业相关。

一说到旅游，人们就会提及旅游六要素"吃、住、行、游、购、娱"。六要素精辟概括了旅游活动，是直到现在对旅游业描述最简洁、最准确、传播最广的概念。如今，激发人们旅游的动机和体验要素越来越多，需要拓展新的旅游要素。总结旅游业这些年的发展，在现有"吃、住、行、游、购、娱"旅游六要素基础上，可概括出新的旅游六要素："商、养、学、闲、情、奇"，前者为旅游基本要素，后者为旅游发展要素或拓展要素。"商"是指商务旅游，包括商务旅游、会议会展、奖励旅游等旅游新需求、新要素；"养"是指养生旅游，包括养生、养老、养心、体育健身等健康旅游新需求、新要素；"学"是指研学旅游，包括修学旅游、科考、培训、拓展训练、摄影、采风、各种夏令营冬令营等活动；"闲"是指休闲度假，包括乡村休闲、都市休闲、度假等各类休闲旅游新产品、新要素，是未来旅游发展的方向和主体；"情"是指情感旅游，包括婚庆、婚恋、纪念日旅游、宗教朝觐等各类精神和情感的旅游新业态、新要素；"奇"是指探奇，包括探索、探险、探秘、游乐、新奇体验等探索性的旅游新产品、新要素。拓展出"商、养、学、闲、情、奇"旅游发展六要素，也只是基于现阶段实践的总结，随着旅游不断升级，今后还会拓展出更新、更多的旅游发展要素，这是旅游业蓬勃发展的大趋势。

二、旅游的本质与特征

长期以来，学术界关于"旅游本质是什么的"研究争论从未停止。有人认为，旅游的本质是人对生命自由和谐的追求或异地身心自由的体验；有人认为，旅游的本质是人诗意地栖居。还有人将体验作为旅游的本质，体验结论得到了国内更多学者的认同，并成为一种主流思想。"诗意地栖居"旅游本质论最早源于国内学者杨振之，该结论的提出进一步引发学界对旅游本质问题的思考，形成了与"体验"不同的观点，并成为当下旅游本质论的两个典型结论之一。在《旅游体验研究的再思》一文中，杨振之和谢辉基以"体验—世界"的关系为核心思想，将体验界定为一种艺术经验，并对旅游体验内涵进行了定义上的补充：旅是去远，游是游戏。曹诗图则将旅游的本质界定为异地愉悦体验，随后又将旅游的本质理解为异地身心自由体验。从海德格尔角度出发，对生活世界的回归则关注人的存在问题，追问旅游经历的意义所在。

阿莉娜·普恩（Auliana Poon）在《旅游业，技术和竞争战略》（*Tourism, Technology and Competitive Strategies*）一书中将西方的大众旅游称为"旧旅游"。而中国式现代化的大众旅游的主要特征是基于移动互联网的散客自助游，以及以自驾和高铁为交通工具的国内旅游，体现普惠性、公平性，惠及包括弱势群体在内的所有人群，类似普恩所说的"新旅游"。这是由于我国大众旅游兴起于互联网时代的缘故，信息技术的进步深刻地影响着旅游业的发展。

旅游的主要特征有：

（1）临时性。旅游时期通常为短期。

（2）非生产性。旅游的目的在于休闲娱乐而非生产。

（3）异地性。旅游地点在个人常居地以外。

（4）多样性。旅游方式和项目呈现出多样性。

旅游作为文化的传播载体有其自身优势：其一，寓教于游，寓学于游，在恬静休闲中感知文化、领略文化，细雨无声，自然流畅，可起到教室、图书馆、会议室等起不到的作用；其二，民间交往，形式灵活多样，渠道多种多条，场面可大可小，时间可长可短，情景交融，可亲可近，可起到官方外交起不到的作用，此可谓民间外交；其三，可跨越区域、国界、种族、语言，进行无障碍交流、传播，可起到其他传播方式起不到的作用；其四，可持续、可传承交流、传播文化，可起到运动式、活动式、阵发式的形式所起不到的作用；其五，文化产业一旦与旅游融合，就能赢得人民大众，也才能成其为产业。文化作品锁在保险箱里非常安全，但是不为人所知，社会教化的价值如何得以体现？

旅游业的场景性和体验性消费特点可以充分发挥萨伊定律（Say's Law），即供给创造需求的效应。旅游业满足萨伊定律的两大支撑是信息技术（数字技术）应用创新或集成创新和文化创意，这已成为旅游经济新的增长点，也是旅游高质量发展的着力点。

三、旅游的起源

旅游作为一种社会经济活动,其历史可以追溯到几万年前的原始社会。随着人类社会的发展,旅游活动也经历了不同阶段的演变。

在原始社会时期,人类为了追求更好的生存环境和资源,进行各种迁徙活动,这可以视为最原始的旅游形式。随着农业和畜牧业的发展,人们开始定居生活,但偶尔还会进行短距离的移动,如参加祭祀活动或探亲访友等,这也属于旅游的雏形。

古代,随着商品经济和手工业的发展,出现了商旅活动。商人携带货物在各地流转,这是旅游真正起步的雏形。同时,宗教活动如朝觐也成为早期的重要旅游方式之一。

中国古代,随着经济文化的发达,游览名山大川成为士大夫阶层的重要方式,这为文人山水旅游奠定基础。同时,皇族贵族也会进行短途游览活动。

到了近现代,随着工业革命的兴起,人际交流更加便利,工薪阶层逐渐形成。19 世纪中期,英国开始出现以度假为目的的旅游行为。20 世纪早期,随着交通方式的改进,大众旅游迅速兴起。

二战结束后,随着国民经济水平和生活水平的提高,许多国家和地区将旅游视为经济增长点并大力促进旅游业发展。20 世纪 60—70 年代,全球旅游规模迅速扩大。21 世纪以来,随着互联网的发展,个性化和低成本的旅游方式不断涌现。

总之,随着人类生产力和科技水平的不断提高,从原始迁徙到商旅,再到近代工业化后的大众旅游,人类旅游活动已经形成了一个完整的历史发展过程。

四、旅游发展的主要趋势

(1) 个性化。注重个人需求和体验。

(2) 数字化。移动互联技术深深影响旅游模式。

(3) 本地化。海外旅游向内地及周边地区发展。

(4) 智能化。智能技术普及改变旅游服务方式。

(5) 多元整合。旅游与其他产业深度融合。

(6) 可持续发展。注重环境保护和文化保护。

第四节　农文旅融合

一、农文旅融合的含义

农文旅融合是指将农业、文化和旅游三者有机结合，形成一种独特的发展模式。或者说，在农业、文化与旅游资源基础上，形成一体化产业体系。农文旅融合，涉及理念、机构、资源、企业、市场、产业、公共服务、国际交流等诸多方面。这些维度的深度融合以及相互作用都不是割裂、独立、线性的，而是存在交互作用的复杂关系。

它的内涵包括以下4个方面：

1. 农业

农业是农文旅融合的基础，通过农业资源的开发和利用，实现农村经济的发展和农民收入的增加。农业活动可以包括农产品生产、农业观光、农业体验等。从广义来看，这里的"农"既包括农业，也包括农村。

2. 文化

文化是农文旅融合的核心，通过挖掘和传承当地的历史、传统、民俗等文化资源，打造具有独特文化魅力的旅游目的地。同时，文化还可以通过艺术表演、手工艺制作、传统节庆等形式进行展示和传播。

3. 旅游

旅游是农文旅融合的重要载体，通过开发旅游资源、提供旅游服务，吸引游客前来观光、体验和消费。旅游包括农村旅游、乡村旅游、生态旅游等形式，以满足人们对休闲、度假、文化体验的需求。

4. 融合

农文旅融合强调各个要素的有机结合和互动，通过整合农业、文化和旅游的资源和功能，实现相互促进、相互融合的效果。融合可以体现在产业链的延伸、产品的创新、服务的提升等方面，打造具有综合竞争力的农文旅产品和品牌。

通过农文旅融合，可以促进农村经济的转型升级，增加农民收入，提升农村居民的生活品质，同时也能够推动本地文化的传承和发展，提升旅游的吸引力和竞争力，实现农、文、旅三者的良性互动和共同发展。

二、农文旅融合的主要特征

农文旅融合，即农业、文化和旅游的有机结合，是一种综合性的发展模式，具有多重特征，其在促进农村振兴、推动文化传承，以及发展旅游业等方面发挥着重要作用。

（一）跨界融合

农文旅融合具有明显的跨界特征，涵盖了农业、文化和旅游三大领域。这种跨界融合不仅使传统农业得到优化和升级，还为农村赋予了更多文化内涵，同时通过旅游业的引入，将农村变成具有吸引力的旅游目的地。这种多元化的融合有助于拓宽农村经济发展的路径，提高农民收入。

（二）文化传承与创新

农文旅融合强调对传统文化的传承与创新。在农村环境中，通过挖掘本地文化、历史传统、民俗风情等元素，赋予农村更丰富的文化内涵。同时，结合现代文化元素进行创新，形成独特的文化体验，吸引更多游客。这既促进了传统文化的传承，也激发了农村文化的创造力。

（三）农产品与文化产品共生

农文旅融合的一个显著特征是农产品与文化产品的共生。通过将农产品与文创产品、手工艺品等相结合，创造具有地方特色的产品，提高产品附加值。这不仅有助于拓宽农民的收入渠道，还推动了农产品的品牌化和市场化。

（四）乡村风貌与旅游体验相统一

农文旅融合强调乡村风貌与旅游体验的统一。通过改善农村环境，保护乡村原有的风景、建筑风貌，使其成为旅游胜地。同时，为游客提供丰富多彩的旅游体验，如农家乐、手工制作、农耕体验等，吸引游客深度参与，感受农村生活的独特魅力。

（五）生态环境保护与可持续发展

农文旅融合注重生态环境的保护与可持续发展。通过规划和管理，确保旅游业的发展不对农村生态环境造成负面影响。倡导绿色、可持续的旅游模式，使农文旅融合成为推动农村绿色发展的引擎。

（六）社区参与与共享经济

农文旅融合鼓励社区居民的参与与共享。通过发展农村旅游，提供就业机会，增加居民收入。同时，通过合作社、合作社群等形式，实现资源共享，推动农村社区的整体发展。

（七）数字化与智能化应用

农文旅融合借助数字化和智能化技术，提升管理效率、提供更便捷的服务。例如，在农村旅游中引入在线预订、导航服务，以提升游客体验感。数字化还有助于推广农村文化，提高知名度。

（八）政府支持与产业链合作

农文旅融合需要政府的支持和引导。政府可通过出台相关政策、提供资金支持，搭建平台促进产业链合作。政府与企业、社区的协同努力，可以更好地推动农文旅融合的发展。

（九）打造品牌与推广营销

农文旅融合需要通过品牌建设和推广营销来提高知名度。通过打造有特色的品牌形象，利用网络平台、社交媒体等进行广告宣传，吸引更多游客的关注和参与。

（十）社会责任与文明旅游

农文旅融合注重社会责任和文明旅游。在吸引游客的同时，强调游客的文明行为，保护当地环境和文化。同时，推动旅游业回馈社区，支持当地社会事业的发展。

在农文旅融合的发展过程中，各方面的努力和合作都至关重要。通过充分挖掘农村的自然、人文、历史等资源，实现农业、文化和旅游的有机融合，可以为农村带来新的发展机遇，为游客提供独特的体验，同时促进了可持续发展和社会进步。农文旅融合不仅是一种经济模式，更是一种推动乡村振兴和文化传承的战略路径。

三、农文旅融合的发展历程

（一）起步阶段（20世纪80年代—90年代初期）

特征：主要体现在农业产品和特色农家乐的结合，如果园、养殖农场等开展接待服务。

（二）初级阶段（20世纪90年代中后期—21世纪00年代初期）

特征：旅游休闲功能开始强化，农家乐增加餐饮和住宿服务，农产品定向销售，农业观光游兴起。

（三）成长阶段（21世纪00年代中后期—21世纪10年代初期）

特征：产业结构调整，主题农业园区和度假村纷纷开业，农业与传统文化相结合，线上宣传能力提升。

（四）成熟阶段（21世纪10年代中后期至今）

特征：融合深度提升，农业科技与文化旅游深度融合，农业产业链延伸，乡村旅游品牌效应显著。

（五）智慧阶段（未来）

特征：将推进以农业科技和数字技术为驱动的智慧农业，培育独特的农文旅产业群，实现多元整合发展。

未来旅游将突出的是"创新"和"创意",即信息技术的应用创新(智慧旅游)和文化创意,这是实现文旅深度融合的基础。联合国教科文组织(United Nations Educational, Scientific and Cultural Organization, UNESCO)认为,文化创意产业一般指那些"来源于创意或文化的积累,通过知识产权(Intellectual Property, IP)的形成与运用,具有创造财富与就业潜力,并促进整体生活环境提升的行业"。文化创意产业具有下列3大特征。

(1) 以创意为内容的生产方式;

(2) 以符号意义为产品价值的创造基础;

(3) 以保障知识产权为诉求的法律体系。

未来农文旅融合的实现路径可分为,从老故事到新内容(内容为王)、从老地方到新场景(场景至上)、从老资源到新产品(产品跨界)、从老产品到新业态(产业融合)等几种类型。

第二章
逻辑起点:从人性说起

从本质上看，农文旅融合是一篇关于"人"的文章，谁能抓住游客的心，谁能让游客留下一句"好玩"，谁就赢了。文旅正在与社交媒体深度绑定，激发游客出行意愿的触点越来越小，一顿美食、一场音乐会，都能促成一场"说走就走"的旅行。旅游也从单纯的"俯察品类之盛"，变成了带有社交属性的活动。"美图+短视频+玩梗"，在社交媒体上，人际交流中的温情与善意得以传播和放大。在文旅业近期发生的种种传播现象背后，我们可以发现，人的体验、感受乃至社交与自我呈现的需要，才是最强大的驱动力。

第一节 对人性的理解

人性是指人类天生的本性，包括人类的思想、情感、行为和价值观等方面。人性在不同的文化和历史时期都有所不同，但总的来说，它是变化不大的。现今人类的生活水平跟几千年前相比较，完全是天壤之别，但是人性中好坏的种种共性，延续至今却从没变过。

首先，人类的基因和遗传因素决定了人性的基本特征。尽管在不同的文化和历史时期，人们的生活环境和生活方式发生了巨大的变化，但人类的基因组和染色体却保持相对稳定。这意味着，人性的某些方面可能在很长一段时间内都保持不变。

其次，社会和文化环境也对人性产生影响。人类社会和文化的发展是渐进式的，而不是突然的。在漫长的历史中，人们逐渐形成了自己的道德、伦理、法律和文化规范，这些规范对人们的行为产生了深远的影响。这些规范可以塑造人们的价值观、道德观和人际关系，从而对人性产生影响。

最后，科技和医疗等方面的进步也有助于保持人性的稳定。科技的发展可以帮助人们预防疾病、延长寿命、提高生活质量，同时也可以帮助人们更好地理解和治疗疾病。医疗技术的进步也可以帮助人们延长寿命、改善生活质量，从而对人性产生积极影响。

人性是复杂的。人性的本质是社会性。人是社会性动物，需要与他人交流互动，才能完全发挥自己的潜能。感情是行为原动力，爱与恨是伦理行为原动力。

人性有理性和感性两面。人既有理性思考问题的能力，也有感性追求快乐的本能，这两面都很重要。

人性中体现个性。每个人由于基因和成长环境的不同，都有自己独特的性格和爱好，这就形成人性的个性化。

人性社会性的本质，可以从以下4个方面来理解：

（1）人是社会性动物。人从出生开始就生活在群体中，需要依靠他人才能生存。一个人如果长期独自生活，将很难健康成长。

（2）人通过社交来满足需求。人与人之间的互动交流，可以满足心理和生理的许多需求，如陪伴、爱情、友谊等。这些都是人的基本心理需求。在交往过程中需要注意的是，从古至今，无论是帝王，还是什么组织的领导者，都会面临信息失真的问题。我们说历史上某个皇帝很昏庸，意思就是批评他不了解实际情况。但有时候也不能光怪皇帝昏庸，因为他身边的人会千方百计地营造出一种假象，讨他欢喜，以换取自己的荣华富贵。这就是有名的"包围定律"。鲁迅在他的《而已集》里有篇文章，就谈到了包围定律："无论是何等样人，一成为猛人，则不问其'猛'之大小，我觉得他的身边便总有几个包围的人们，围得水泄不通。那结果，在内，是使该猛人逐渐变成昏庸，有近乎傀儡的趋势。"包围定律跟信息茧房的意思相近，对企业老板而言，环境不一样了，只要老板自己不犯糊涂，对人性的复杂多变有深刻的了解，那身边的人就很难糊弄你。

（3）人通过合作来提高生存能力。人类作为一个群体，通过分工合作提高生产效率，共同应对自然环境中的风险和挑战，这比个体生存能力强很多。

（4）人通过交流来传播文化。人是用语言交流的文化动物，通过语言可以传承知识和价值观，形成共同的社会文化，这促进了人类文明的发展。人是爱说话、想说话、会说话的，这是人和动物不一样的地方。领导为什么喜欢作长报告？教授为什么喜欢拖堂？群众为什么喜欢八卦？都是因为人性使然，所以人一定要说，说话让我们产生美好的感受。

人的认知和行为受社会影响。人在成长过程中通过学习模仿他人的观点和行为模式，这决定了一个人的世界观和行为方式。国学经典总是对人的处境有着真切的关心，对人与自然的关系（人与物）、人与社会的关系（人与人）、人与自己内心的关系（人与自我）有着深刻的体察，对社会万象、人生百味、人性之美丑善恶怀着感同身受的体谅与同情。

总之，人是需要依靠他人的社会性动物，社交和合作对人的生存和发展都至关重要。这就是人性社会性的内在本质。人性是一个很复杂的话题，还需要通过更多研究来深入探讨。

第二节　人性与休闲旅游

一、休闲

（一）休闲的含义

休闲是指在工作和生活之外，个人或群体为了放松身心、满足兴趣爱好而从事的各种活动。

休闲是人体和心理恢复的过程。长期工作给人带来的压力，需要通过休闲来放松身体和心情，以恢复工作能力。这与人追求身心健康的人性需求一致。

休闲可以满足人的好奇心和探索欲望。通过休闲活动了解新事物，对人来说是一种心理满足，这源于人天生的探索与学习本能。

休闲可以促进社交交流。共同参与休闲活动可以扩展社交圈子，满足人作为社会性动物的社交需求，这与人性的社会属性相关。

休闲为人提供心理愉悦。通过休闲获得新的体验和成就感，可以提升幸福感和满意度，这是人追求快乐的本能表现。

休闲活动显示和培养人的个性与兴趣。不同的人通过休闲展现自己的爱好和个性，这与人性中个体差异的属性有关。

休闲是人适应环境的方式。工作带来的压力，人通过休闲调整自己，更好地适应社会生活的需要。休闲包括各种文化、体育、艺术等娱乐活动，如旅游、运动、阅读、网上游戏等。它强调个人主观选择。

（二）休闲的特点

自愿性。休闲活动出于个人意愿选择。

放松性。目的在于放松身心，缓解工作压力。

乐趣性。参与过程中体会乐趣，带来心理满足。

多样性。休闲方式种类丰富，个性化强。

（三）休闲的构成要素

时间要素。指个人有充足的时间参与休闲活动。

地点要素。如公园、体育场馆、文化场馆等休闲场所。

项目要素。各种文化、体育、艺术等具体休闲项目。

设施要素。如运动设施、娱乐设施等支持休闲需要的硬件设施。

组织要素。如俱乐部、旅行社等组织休闲活动的社会组织。

总之，休闲体现和满足了人性中对放松、学习、社交、快乐等的基本需求，有利于人的身心健康，是人性的自然体现。

（四）休闲文化

休闲文化是指在工作之外，人们通过各种方式进行放松、娱乐和个人发展的文化活动。它包括一系列的生活方式、价值观和行为模式，是一种在现代社会中越发重要的社会现象。

休闲文化的内涵主要包括以下几个方面:

放松与娱乐:休闲文化强调个体在工作之余可以通过参与各种愉悦的活动来放松身心,包括看电影、听音乐、运动、旅游、阅读等,从而获得身心的愉悦和舒缓。这些活动不仅可以丰富生活,也有助于缓解工作压力和焦虑情绪。

个性发展与充实生活:休闲文化强调个体的自主选择和兴趣爱好,鼓励人们通过休闲活动来充实自己的生活,实现个性化的发展。这种文化倡导人们不被工作所束缚,拥有更多的自由时间去追求自己的兴趣和爱好。

社交与交流:休闲文化也包含了社交交流的内容,人们通过参与休闲活动来增加社交机会,扩大社交圈子,促进人际关系的发展。这种文化提倡人们通过休闲活动来增进彼此之间的了解和交流,从而丰富社会生活。

文化品位与审美情趣:休闲文化也强调审美情趣和文化品位的培养,人们通过参与各种文化活动来提升自己的审美素养,提高对艺术、文学、音乐等方面的鉴赏能力,享受精神上的愉悦和满足。

总的来说,休闲文化是一种以个体满足感官需求、发展个性和社交交流为核心的文化现象,它强调生活的多样性、充实性和愉悦性,对于现代社会的健康发展和人们的全面发展具有重要意义。

(五)休闲发展的主要路径和趋势

休闲产业化。随着经济发展,休闲从生活方式转变为产业,并出现了各种休闲产品和服务,如旅游业、餐饮业、体育健身业等。

个性化和多样化。休闲方式不再单一,根据不同人群的喜好和需求出现了各种个性化的休闲项目,如极限运动、文化休闲、网上休闲等。

数字化和智能化。数字技术的发展使休闲方式数字化和智能化,如移动互联网休闲、虚拟现实休闲等。

体验式和参与式。休闲不再是单纯消费,而是体验和参与,注重过程中的享受,如主题公园、手工艺体验等。

健康养生趋势。工作压力增大,人们注重休闲中养生保健的成分,以促进体质和心理健康,如健身运动、心理疗法等。

个人定制化。随着消费能力的提高，个人更注重根据自己的喜好和需求定制个性化的休闲项目。

生态环境保护趋势。休闲方式注重与自然环境的融合，强调生态环境保护，如生态旅游、森林浴等。

二、从人性角度看休闲旅游的动因

休闲的本质是放松和恢复，它与人性有很深的关系。

（1）纾解工作压力。人长期工作在高压环境下，身心都会感到疲惫。休闲旅游可以让人暂时脱离工作，放松心情，纾解工作压力。

（2）满足探索欲望。人有天生的探索精神，想要了解不同地方的文化和风景。旅游可以满足人内在对未知事物的好奇心。

（3）追求新鲜感。人不断地需要新鲜刺激的感官体验，这可以提振精神。出游可以体验未知的美景与文化，满足人对新鲜事物的追求。

（4）交流社交。旅游可以结识不同文化背景的人，扩展社交圈子。人作为社会性动物，需要社交来满足心理需要。

（5）宣泄创造力。在工作中，人的创造力可能受到一定限制。而旅游给了人更多自由和灵感，让人可以通过各种体验来发挥和宣泄创造力。

（6）追求心理快乐。旅游的新奇体验和收获会给人带来心理满足感和快乐。这与人追求心理愉悦的人性需求是一致的。

以上因素都与人作为社会性、探索性的动物的人性特征有关，解释了为什么人会有休闲旅游的本能需求。从人群上看，追求"新奇特"的休闲旅游适合于所有人，这符合人性。但是真正的度假，却只属于那些具有独立人格和思考能力的人群。

三、休闲体验活动七要素

张士琴等认为，旅游体验是旅游消费与生产的核心，塑造难忘的旅游体验是目的地获得口碑与忠诚的核心竞争力。难忘旅游体验（memorable tourism experience）也被称为记忆体验，是指事件发生后旅游者对在场体验（onsite experience）的积极和消极回忆。相比于在场体验的即时性和瞬时性，留存在记忆深处的难忘体验对于人的认知和行为具有更为深远的影响，人往往会高度依赖自己的记忆作出决策。因此，在激烈的市场竞争环境下，为旅游者提供难忘的、能转化为长时记忆的旅游体验成为旅游目的地的核心竞争力所在。那么，什么样的旅游体验能够转化为记忆中的难忘体验呢？这是旅游从业人员往往会好奇诘问的话题。

基于一次偶然的契机，张士琴等在广州绿道开展城市更新改造的调研。彼时正值旅游发展的增长时期，旅游者及行业内人士尚热衷于热门旅游胜地。然而，在广州的绿道上，她们看到周边居民携亲友在绿道上怡然自得地休闲娱乐，自成一派沉浸景象，不禁开始思考旅游的本质问题，是否一定只有到热门旅游胜地才能造就难忘的旅游体验呢？过去我们强调远方非惯常环境体验，然而，在大众休闲时代的今天，远方的名胜已然非必游之选。在居住地周边或近郊等偏惯常环境进行短途游，对旅游者而言既是熟悉的日常环境范围，也具有不同于惯常工作生活的特殊体验。这种体验可能不如远方名胜惊艳，但在记忆中的余温却并不逊色，反而因其靠近日常更易思易得，于生活余味悠长。因此，研究团队在长期思考的基础上，尝试基于城市绿道这一偏惯常情境，对绿道休闲游客的在场体验和事后难忘体验进行探索，以了解城市绿道休闲游客从"在场感受"到"难忘体验"的记忆形成与转化机制，推动旅游体验从"反日常"到"日常化"发展的理论体系构建，观照日常生活视域下人的全面发展。在场体验以自我沉浸式的活动、存在性的感受和积极的情绪三个内容为主，层层递进，呈现出以"存在性自我"为核心的体验内涵，而难忘体验则以情感性的记忆为主。在场细节会随着时间消退，而游客具体体验则抽象为情感性欣赏、满足和认同长期保存，成为记忆中的难忘体验。

人的心灵归属在乡村，乡村一定是未来最稀缺的资源。一般来说，乡村休闲体验活动主要围绕7个方面展开：

看什么？玩什么？吃什么？住什么？买什么？体验什么？传播什么（文化）？

（游客）来得了，（食物）吃得香，（民宿）住得下，（交通）行得便，（景区）玩得好，（乡愁）记得住，（产品）卖得出，（礼物）购得着，（身心）养得棒，人人都想来，来了不想走。

2013年，温州旅游体验师团队创建成立，成为全国旅游行业的一个创新行动，温州旅游体验师团队的成立也为温州旅游的营销推广和市场宣传发挥重要作用。

以民宿为例，一定要人性化（个性化）服务，创造贴心的让顾客感动的服务。民宿管理应该是充满人性的和温暖的，一要把产品做好，再谈管理和营销；二是管理要灵活，做到正规但不正式；三要用心经营、用爱经营，处好邻里关系，力所能及帮助需要帮助的人。

高级的营销是用文化做连接。营销，做到高级了，其实是反商业的，是回归人性的，是用文化连接的，因此不要用势利和功利的状态去做营销。要做到高级和触达目标群体，文化和共情是关键，更容易识别和被引导。

第三节 人性与心旅游

到如今，旅游走过了从旅游1.0到旅游4.0四个阶段的历程。旅游1.0是观光旅游阶段，满足视觉愉悦，载体：自然风光优美；旅游2.0是休闲旅游阶段，满足身体愉悦，载体：自然文化积淀，品质服务加成；旅游3.0是沉浸旅游阶段，满足视觉听觉身体互动，载体：AR、VR到元宇宙，科技加成；旅游4.0是心旅游，满足身心灵的愉悦，载体：生活场、旅游场和心理场，从物理时空到心理时空契合共鸣。心旅游的六大构件，包括科技、时尚、创造创新创意、美学审美、艺术、文化IP。心旅游可以很好地满足和体现人性的各个层面，有利于人的全面发展。它与人的本质属性是高度契合的。

一、心旅游的含义

心旅游是一种新型的旅游方式，强调游客在旅游过程中的心理和情感体验，通过旅行来满足内心需要，实现心灵成长。

（一）心旅游的内涵

（1）内心探索。通过旅行体验不同环境，可以激发人对内心世界的探索欲望，理解自己的需求和情感。

（2）自我修养。心旅游可以帮助人放慢生活节奏，找到内心平静和成长的机会。

（3）解压放松。远离日常生活压力，在新环境中放松心情，纾解工作和生活中的压力。

（4）心理治疗。对于有抑郁、焦虑等心理问题的人来说，心旅游可以起到一定的辅助治疗作用。

（5）人际交往。与同行者一起旅行可以促进心理沟通，帮助解决人际关系问题。

（6）审视人生。通过旅行体验，可以让人重新审视人生价值观和人生规划。

（7）增强幸福感。成功的心旅游可以让人获得成就感和满足感，从而提升整体幸福水平。

（8）培养正面心态。心旅游有利于培养人的正面态度，比如感恩、包容和乐观等心态。

所以，心旅游强调的是旅行对个人心理成长和调节的影响，它属于一种心理休闲和自我修养的方式。

（二）心旅游的构成要素

（1）目的性。心旅游有明确的心理目的，比如解压、自我修养、人际交往等。

（2）慢生活理念。心旅游强调放慢生活节奏，不追求效率，更注重过程中的体验。

（3）内在体验。通过观察自然景观或人文景观，激发内心的思考和体会。

（4）人际互动。参与富有互动性的社交活动，与同行者或当地人交流，促进心理沟通和支持。

（5）体验活动。关怀他人的公益参与，参与当地特色活动，如瑜伽、写生等，帮助心理调整。

（6）日记记录。旅途中记录心路历程，有助于心理成长和后期回顾。

（7）环境选择。优美的自然环境和独特的人文环境更利于心理放松和内省。

（8）导游支持。专业导游可以提供心理指导并帮助解决问题。

（9）后期整合。旅后回顾体会，运用经验改善生活与工作。

（10）心理教育。内省思考和自我修养的机会，了解心理学知识，帮助规划和进行有效的心旅游。

只有这些要素的有机组合，才能形成一场成功的心理性质旅程。

（三）心旅游的特点

（1）重视游客内心体验和心理满足。

（2）强调与当地人的深度交流互动。

（3）鼓励公益参与和社区贡献。

（4）注重旅程中的自我成长。

（5）追求心灵成长而非物质消费。

二、心旅游与人性的关系

心旅游的逻辑起点是：满足游客对心理和情感层面的需求，实现内在成长，找到人生意义，这是心旅游产生和发展的内在驱动力。

（1）满足探索欲望。心旅游可以满足人天生对外界的好奇心和探索欲望，这是人性的体现。

（2）提升认知能力。通过心旅游获得的新体验和见闻，可以促进人的认知发展，这与人追求学习的人性需求一致。

（3）促进社交交流。心旅游过程中与同伴的互动交流可以满足人作为社会性动物的社交需求。有利于建立社交关系，交流思想感受，增进友谊，体验当地文化，了解不同文明，开阔视野。

（4）提供心理愉悦。成功的心旅游能给人带来成就感和满足感，从而实现人追求心理快乐的人性本能。

（5）帮助解压与自我修养。心旅游可以通过环境变换来纾解工作生活压力，有利于人体和心理的恢复，维持健康。放松身心，调节精神状态，舒缓压力。

（6）培养正面心态。心旅游可以帮助人树立正面价值观，如感恩、乐观等，这与人性的正面发展相一致。

（7）体现个性差异。不同的人通过心旅游的体验和收获是不尽相同的，这体现了人性中个体差异的特质。

（8）帮助人生规划。心旅游可以促使人审视自己和重新规划人生，这是人自我完善和成长的体现。搜寻内在意义，实现自我成长，找到人生意义。

三、心旅游评价指标体系

心旅游评价指标体系的设计应该考虑以下几个方面：

（1）游客内心体验和满意度。例如心理舒适感、情感满足程度等。

（2）自我成长能力。例如问题解决能力、适应能力、人生观念等方面的变化。

（3）社交关系和交流能力。例如社交圈子的扩展、沟通表达能力等。

（4）对社区和环境的认识程度。例如环境保护观念、社区参与度等。

（5）身体和心理健康状况。例如压力水平、睡眠质量的变化等。

（6）行为和生活方式的影响。例如消费结构调整、业余时间安排等。

四、心理学在乡村旅游中的应用

在乡村旅游中，可以应用多种心理学原理来提升游客体验和促进旅游发展。以下是一些关键原理及其应用方式。

1. 马斯洛的需求层次理论

应用：乡村旅游可以通过满足游客不同层次的需求来吸引和留住游客。例如，提供基本的住宿和餐饮服务满足其生理需求，安静舒适的环境满足其安全需求，独特的文化活动满足其归属感和尊重需求，以及提供独特体验满足其自我实现需求。

例子：一个乡村旅游地提供农耕体验活动，让游客亲手种植和收获作物，满足他们的自我实现需求。

2. 环境心理学

应用：乡村旅游地通过创造和谐、舒适的自然环境，促进游客的情绪正向变化。如通过景观设计、保持自然环境的原生态来吸引游客。

例子：设计一条穿越果园和小溪的徒步路线，让游客在自然中放松身心。

3. 社会认同理论

应用：通过强调乡村文化特色和社区归属感，增强游客对目的地的认同感。例如，组织本地文化节庆活动，让游客感受并参与当地的社会和文化生活。

例子：举办当地传统节日庆典，让游客体验传统习俗和节日食物。

4. 体验营销理论

应用：在乡村旅游中提供独特的、沉浸式的体验，以满足游客对新奇和个性化体验的追求。比如提供定制化的农业体验、手工艺制作等。

例子：开设手工制作陶器的工作坊，让游客体验制陶的过程，并带走自己制作的作品。

5. 正向心理学

应用：利用乡村旅游的环境和活动促进游客的正向情绪，如通过亲近自然、农耕体验等活动提升游客的幸福感和满足感。

例子：安排在乡村清晨进行的瑜伽和冥想课程，帮助游客放松心情，体验宁静和平和。

6. 消费者行为理论

应用：通过了解游客的偏好和决策过程，设计符合其期望的旅游产品和服务。比如，根据游客的兴趣和背景提供个性化的旅游路线和服务。

例子：为热衷于摄影的游客提供专门的摄影旅行团，带他们探访乡村中最具特色和美丽的景点。

这些心理学原理的应用，不仅可以增强游客的乡村旅游体验，还能促进乡村旅游的可持续发展和地方经济的增长。

五、心理学与农文旅融合的关系及其影响机制

（一）心理学与农文旅融合的关系

旅游体验的心理效应：心理学在解释游客的行为、需求和体验方面扮演重要角色。在农文旅中，游客的体验往往与其心理状态密切相关，例如寻求放松、减压或寻找新奇体验。

消费行为的心理动因：消费者选择参与农文旅的心理动因，如逃避日常生活的压力、寻求自然与文化的亲近等，是心理学研究的重点。

文化认同与情感联系：心理学研究可以帮助理解游客对农村文化的认同和情感联系，这对于增强旅游体验和推动农文旅的可持续发展至关重要。

（二）心理学与农文旅融合影响机制

心理需求与旅游动机：心理学理论如马斯洛的需求层次理论，可以解释游客对农文旅的兴趣和动机，从而影响其行为和消费决策。

感知价值与满意度：心理学有助于分析游客对农文旅产品的感知价值，如独特性、文化内涵等，这些感知直接影响游客的满意度和忠诚度。

文化互动的心理效应：游客在农文旅中的文化互动体验，如参与传统活动会产生认同感和归属感，这些心理效应是形成积极体验的重要因素。

（三）农文旅融合可以为心旅游提供支持

自然环境的治愈力：乡村的自然环境通常更加清新、宁静、远离城市

喧嚣和压力。这种环境可以让游客得到放松和疏导，帮助他们舒缓压力、恢复身心平衡。

文化与传统的体验：农文旅融合项目通常会展示当地的乡村文化、传统工艺和民俗活动。游客可以参与农耕、制作手工艺品、品尝农家美食等，深入了解当地文化，体验乡村生活的乐趣，从而获得对传统文化的认同和情感满足。

心灵成长和内心探索：乡村农文旅融合项目提供了与大自然亲近和与农村社区互动的机会。这样的体验可以帮助游客与自然和社区建立更深入的联系，加深对生态环境和社区的关注。

心旅游与农文旅融合有着密切的关系。心旅游强调的是游客在旅游过程中的情感体验、心灵愉悦和内心成长。而农文旅融合则是将农业、乡村文化与旅游相结合，以农业资源和乡村文化为基础，提供丰富多样的农业体验、文化交流和旅游服务。二者的结合可以为游客创造更加深入、有意义的旅游体验。

（四）心理学在农文旅融合中的应用

提升体验设计：利用心理学原理来设计更具吸引力的旅游产品，例如创造具有情感共鸣和文化体验的活动。

游客行为研究：通过心理学研究游客的行为模式，比如偏好、决策过程，以更好地满足他们的需求。

心理健康旅游产品：开发专注于心理健康和福祉的农文旅产品，如农场疗愈体验、自然冥想等。

情绪与环境的相互作用：研究和利用自然环境对人们情绪的积极影响，为游客提供愉悦和放松的旅游环境。

疲劳已成为人类感知与行为研究的重要内容。一直以来，旅游被认为是愉悦身心、消除日常疲劳的幸福活动，而旅游过程中游客的疲劳问题往往被忽视。由于旅游活动的空间流动性、时间有限性、动机敏感性、行程综合性等特征，旅游活动中的疲劳容易发生且普遍存在。孙晋坤等认为，旅游疲劳在主体因素、中介因素和客体因素共同作用下逐渐形成，并主要表现出 4 种类型的疲劳：身体疲劳、兴趣疲劳、情感疲劳和认知疲劳，其对游客的行为决策、体验质量和重游意愿均存在显著的复杂影响。针对这一问题，游客可以通过主体提升、中介保障和客体控制 3 方面策略对其进行预防和缓解。

通过综合运用心理学理论和方法，农文旅可以更好地满足游客的多元化需求，提升其旅游体验，从而促进旅游业的可持续发展。

六、心旅游的发展路径

（1）从个人内心需求出发，逐步形成一种新的旅游方式。

（2）先在少数地区和项目试点，然后扩大应用规模和类型。

（3）与文化旅游、慢生活等理念结合，形成一定规模的市场。

（4）受政府支持与企业投入，产业规模和影响力持续增长。

心旅游发展要破解的难点包括：

（1）产品体系建设。如何设计出具有吸引力和成长性的心旅游产品，以满足不同人群需求。

（2）服务质量保障。如何通过标准规范来保证心旅游项目和服务的质量。

（3）人力资源短缺。缺乏专业心旅游导游和服务人员，难以满足需求。

（4）融资支持不足。心旅游项目投入大但收益难以即时见效，融资面临一定难度。

（5）理念推广不足。社会对心旅游理念的认知度还不高，需要加强宣传推广。

（6）相关政策支持有待加强。政府部分支持政策的出台滞后于产业发展。

（7）与传统旅游产业的衔接。如何与文旅、乡村旅游深度融合发展。

（8）评价体系建设。缺乏统一的心旅游成效评估体系。

七、心旅游的发展趋势

（1）个性化和小众化趋势更加明显，满足不同群体需求。
（2）与新技术深度融合，数字化旅游方式不断更新迭代。
（3）项目类型日益丰富，从农家乐扩展到文创、公益等领域。
（4）国际化程度提高，跨国心旅游产品和平台出现。

心旅游未来将成为主流旅游方式之一，与文化旅游齐名；不同主题的心旅游产品将遍布全国各地，产业规模持续扩大，相关服务体系更趋完善；国际心旅游合作深入发展，促进文化交流；数字和智能技术深度融入，提升旅游体验；影响人们生活方式和价值观，促进社会进步。

总之，随着人们需求的不断演进，心旅游将是未来旅游产业的一个重要发展方向。

第四节 旅游体验与人性

把初级产品竞争提升为客户体验差别，是未来价值增长的持续动力。

自苹果公司取得成功以来，"体验"一词越来越受到各界的重视，各类型、行业的体验店、场景营销等等，消费者（用户）体验、体验营销、体验经济等成为各行业争相研究热点。

体验是人类文明发展的原生动力，是创新创造的源泉。人类文明史发展从神农尝百草、穴居、部落、绳结记事、筹策等到青霉素、高楼、国家、文学、云计算、火箭再到量子计算机等，均是人类生存体验总结的结果。

"体验经济"一词起源于20世纪70年代，由美国著名未来学家阿尔文·托夫勒提出，被认为是继农业经济、工业经济、服务经济后，经济的又一发展形态。他在《未来的冲击》一书中这样描述："体验工业可能成为超工业化的支柱之一，甚至成为服务业之后的经济基础；来自消费者的压力和希望经济继续上升为人的压力将推动技术社会朝着未来体验生产的方向发展；服务业最终还是会超过制造业的，体验生产又会超过服务业；体验制造商将成为经济的基本支柱。"

"体验经济"被作为研究对象，始于1999年约瑟夫·派恩和詹姆斯·吉尔摩合著的《体验经济》一书，其构建了"体验经济"的理论体系和实践框架，"体验经济"摆脱无意识的探索阶段。核心观点为："体验经济"作为一种经济产出，是继农业经济、工业经济、服务经济之后经济模式发展的必然。

一、旅游体验的心理活动过程

旅游作为一种特殊的消费和休闲活动，不仅仅是简单的地理位移，更是一场心理上的冒险和体验之旅。游客在整个旅游过程中经历了一系列的心理活动，这一过程可以被分为预期期待期、实际体验期和后期回顾期三个阶段。这三个阶段共同构成了旅游体验的心理活动过程，影响着游客对旅行的认知、情感和行为。本节将深入探讨这一心理活动过程，揭示其中的心理机制和影响因素。

（一）预期期待期：游客根据旅游产品信息等形成旅游预期

1. 信息获取与预期形成

旅游体验的心理活动过程始于旅行计划阶段，游客通过各种渠道获取关于目的地的信息，包括景点介绍、酒店评价、当地文化等。这一阶段的心理活动主要表现为期待和想象，游客形成对旅程的预期。这种期待既来源于实际信息，也受到社交媒体、亲友推荐等因素的影响。

2. 期望管理与情感预设

在形成预期的过程中，游客通常会对旅行目的地和活动设定一定的期望值。期望值的形成受到个体的经验、文化背景以及社会环境的影响。同时，游客在这一阶段也会通过情感预设，即预先设定旅行中可能产生的情感体验，如兴奋、放松、愉悦等。

(二) 实际体验期：游客参与旅游实际活动，与预期进行对比

1. 期望与实际的对比

随着旅行的展开，游客进入实际体验期。这一阶段的心理活动主要表现为期望与实际的对比。游客将之前形成的期望与实际体验进行比较，从而产生一系列的心理反应。如果实际体验符合或超过期望，游客可能会感到满足和愉悦；反之，游客可能会感到失望和不满。

2. 情感体验与认知评价

在实际体验中，游客的情感体验起着重要作用。这包括对景点、美食、文化等方面的情感体验。同时，游客在这一阶段也会进行认知评价，对旅行中的各个方面进行判断和评估，形成对旅游体验的整体认知。这些认知评价直接影响游客对旅行的满意度和忠诚度。

(三) 后期回顾期：游客回顾整个旅游过程，评价体验满意程度

1. 记忆构建与情感强化

旅行结束后，游客进入后期回顾期。在这一阶段，游客通过回忆和整理旅行中的点点滴滴，构建起对旅行的记忆。在这一过程中，一些情感体验可能被强化，而一些细节也可能因为时间的推移而逐渐被淡忘。记忆构建对于后期情感的持久性和旅行体验的影响至关重要。

2. 满意度评估与口碑传播

在后期回顾期，游客对整个旅行进行最终的满意度评估。这一评估不仅影响着个体对目的地的再次选择，也对口碑传播产生深远影响。满意度高的游客更有可能成为目的地的忠实拥趸，通过口口相传，影响更多人的旅行决策。

旅游体验的心理活动是一个动态、复杂而又多层次的过程。从预期到实际体验再到后期回顾，每个阶段都涉及游客的认知、情感和行为。这一心理活动过程受到个体差异、文化背景、社会环境等多方面因素的影响，因此，了解和理解这一过程对于提升旅游产品和服务的质量，促进旅游业的可持续发展具有重要意义。在未来，随着旅游方式的不断创新和消

费者需求的不断变化，旅游体验的心理活动过程也将呈现出新的特点和趋势。

二、旅游体验与人性的关系

旅游体验不仅仅是一种行为，更是一种能够深刻影响人性的活动。在这个快节奏、高压力的社会中，人们对于旅游的需求不仅是简单的休闲和娱乐，更是一种寻找内心平衡、满足人性需求的过程。通过满足好奇心、调节情绪、强化社交纽带和丰富精神生活，旅游体验与人性之间建立了深刻的联系。

（一）满足人的好奇心需求，拓宽认知视野

旅游是对人类天生的好奇心的回应，是一种对未知的渴望和探索。人们在旅途中不断地发现新事物、体验新文化，从而拓宽认知视野。这种好奇心的满足不仅是对外部世界的了解，更是对自身发展的一种促进。通过亲身体验，人们能够更全面、深刻地理解世界，拓宽自己的认知边界，从而实现个人成长。

在旅途中，人们可能会面对各种新奇的文化、风景、历史，这种多元性的体验有助于打破思维的狭隘，激发人们的创造力和创新思维。因此，旅游不仅仅是一种消遣，更是一种对于知识、智慧的追求，从而推动个体在认知层面的不断超越。

（二）调节人的情绪状态，释放工作压力

现代社会的高压力工作和生活方式使人们常常处于紧张和焦虑的状态中。而旅游则提供了一个独特的机会，让人们暂时摆脱烦琐的工作，放松身心，调节情绪。在新的环境中，人们可以更自由地表达自己，体验不同的生活方式，从而减轻工作压力，调整身心状态。

旅游的放松效应不仅来源于新的环境和活动，更在于对于时间的重新把握。在旅途中，人们有更多的时间去体味生活，去欣赏自然景色，去感受文化底蕴。这种对时间的重新认识使人们更加注重当下，减少了对于未

来的担忧，从而降低了焦虑感，释放了心理压力。

（三）强化人与人之间的社交纽带

旅游是一种社交性的活动，不仅是与自然、文化互动，更是人际关系的建设过程。在旅途中，人们与同伴、当地居民、其他旅客之间建立起临时性的社交纽带。这种社交体验不仅促进了友谊的建立，更加强了人们对于社会的认同感。

通过旅游，人们有机会共同体验和分享，共同面对未知的挑战，这种共同体验加深了人与人之间的情感联系。旅途中的相互帮助、分享欢笑，使得人们更加理解合作的力量，培养了团队合作精神。这种社交纽带的建立不仅在旅途中产生影响，更可能成为长期的友谊和合作关系。

（四）丰富人的精神生活，实现自我成长

旅游体验不仅是对外部世界的认知，更是对内心世界的探索。在新的环境中，人们有机会深度思考自己的生活、价值观、梦想。旅途中的沉思和体验，激发了人们对于人生目标和意义的思考。

通过旅游，人们有机会跳出日常的生活模式，远离物质的束缚，体验到心灵的愉悦。这种心灵愉悦来源于对于美的感知，对于文化的感悟，对于生命的尊重。旅途中的心灵愉悦有助于提升个体的幸福感，激发人们积极的情感体验，为自我成长提供了更多的动力。

旅游体验与人性的关系是多维度的，涉及对知识的追求、情绪的调节、社交关系的建设、个体成长的实现等方面。通过满足人的好奇心需求，调节情绪状态，强化社交纽带，丰富精神生活，旅游体验成为一个全面促进人性发展的活动。因此，我们应当看到旅游不仅是一种消费行为，更是一种对人性需求的积极回应，是实现个体全面发展的重要途径。

三、农文旅体验与人性需求的契合

农文旅融合是近年来崭露头角的一种旅游方式。它不仅注重自然风光和农田景观，更强调文化传承和农业体验。在这一独特的旅游形式中，人们逐渐发现了一种满足人性需求的全新途径。本小节将探讨农文旅体验如何在满足人的好奇心、调节情绪、强化社交纽带、丰富精神生活等方面与人性需求相互契合。

(一) 农文旅与好奇心的碰撞

1. 农业文化的奇妙之处

农文旅为游客提供了与传统旅游形式迥异的体验。人们在这里可以近距离接触农业文化，了解农耕历史、农业技艺，感受农田的四季变化。这种亲身体验激发了人们对农业的好奇心，引导他们主动去了解、探索与农业相关的知识。

2. 农田探险与认知视野的拓宽

农文旅的独特之处在于，它提供了农田探险的机会。游客可以参与农耕活动，体验种植、收获的过程，从而深入了解农业生产的方方面面。这种亲身参与的体验不仅满足了人们的好奇心，更拓宽了人们的认知视野。游客通过亲身经历，对农业、生态系统有了更为深刻的理解，使自己的认知更加全面。

(二) 农文旅与情绪的和谐共舞

1. 农田间的宁静与心灵的放松

现代社会的快节奏生活使人们常常感到压力和焦虑。而农文旅提供了一片宁静的天地，让游客远离城市的喧嚣，沉浸在田园风光之中。农田间的宁静和大自然的和谐共鸣，有助于释放游客的工作压力，调节情绪状态。

2. 与大自然的亲密接触

农文旅将人与自然紧密联系在一起。游客在农田中漫步，与植物亲密接触，呼吸新鲜空气，感受自然的美好。这种亲近自然的体验激发了人们内心深处对大自然的热爱，促使他们在农文旅中找到一种平衡和宁静，释放出积压的情感，迎来心灵的宁静。

（三）农文旅与社交纽带的构建

1. 农事合作与群体凝聚

农文旅不仅是个体的体验，更是一个集体的农事合作过程。游客们可以共同参与农耕、采摘等活动，通过合作建立了独特的群体凝聚力。这种社交体验不仅加深了游客之间的友谊，更强化了他们对社会的认同感。

2. 文化交流与跨界融合

在农文旅中，人们有机会与当地农民交流，了解他们的文化、习俗。这种文化交流不仅打破了城乡之间的隔阂，也促进了跨界融合。游客通过与当地居民的互动，建立了跨越地域和文化的社交纽带，使整个旅程充满了丰富的人际体验。

（四）农文旅与精神生活的升华

1. 农艺文化与传统价值的回归

农文旅不仅是对自然的体验，更是对传统文化的回归。在这里，游客有机会学习农艺技能，体验传统的农耕文化。这种对传统价值的重新认识，使人们在农文旅中找到了心灵的栖息地，体会到传统文化的深厚内涵。

2. 农田诗意与心灵的愉悦

农文旅的景色往往具有诗意的美感。金黄的稻田、翠绿的蔬菜园，构成了一幅幅如诗的画面。这种美感不仅是对眼睛的愉悦，更是对心灵的滋养。在农文旅中，人们有机会欣赏到自然之美，这种心灵愉悦有助于提升个体的幸福感，为自我成长提供了美的滋养。

农文旅通过与农业文化的深度结合，为人们提供了一种全新的旅游体验。在这一过程中，农文旅不仅满足了人们对农业的好奇心，调节了他们的情绪状态，构建了社交纽带，还丰富了个体的精神生活，实现心灵净化，引导游客体验乡村生态环境的美和人与自然的和谐。因此，农文旅与人性需求的契合，为现代人在追求全面发展的道路上提供了独特而有益的选择。

当前，客户体验的需求已从过去旧的"五感"（视、听、嗅、味、触）转变成"新五感"，即：存在感、原生感、松弛感、社交感、氛围感，即从硬件主导到记忆主导，以情绪和场景创造记忆锚点，与消费者建立持续社交关系和情感联系。

第五节　文化与人性

一、文化与人性的内在联系

文化是人性的产物和体现。人通过社会互动和学习形成各种文化，它反映了人的思想和行为特征。

文化影响和塑造人性。不同文化环境下的教育、价值观等会影响一个人的人格形成和心理特质，从而影响人性的展现。

人性决定文化的传承。人天生具有学习和交流能力，这为文化的传承和发展奠定了基础。

不同时代的人性决定了文化的演变方向。

文化满足人性需求。文化的产生在很大程度上是为了满足人的生存、认知、社交等各种心理和社会需求，这与人性的特点是一致的。

人性促进文化创新。人的好奇心和创造力驱使人不断超越自我，促进文化的革新与发展。

文化影响人性认知。不同文化环境下人对事物的认知和评判标准都有差异，这影响了人性的展现。

文化体现人性多样性。各个文化都体现出人性在不同环境下的独特表现，从而展示人性的丰富性。

所以总体来说，文化和人性是互相影响、依存和发展的。理解两者的关系对认识人性具有重要意义。

二、心理学在乡村文化传播中的应用

乡村文化传播中可以应用多种心理学原理来增强效果和深度。以下是

一些关键的心理学原理及其应用方式。

1. 社会学习理论

应用：社会学习理论强调通过观察和模仿来学习新行为。在乡村文化传播中，可以通过展示地方文化的实践示范来教育和吸引游客。

例子：通过展示当地居民参与传统手工艺制作的视频或现场表演，鼓励游客学习并尝试这些技艺。

2. 归属感理论

应用：人们天生寻求与他人的连接和归属。乡村文化传播可通过创造共享体验来增强游客与当地社区的联系。

例子：组织游客和当地居民一起参与的文化活动，如共同制作传统节日食物，以增强游客对乡村文化的归属感。

3. 说服沟通理论

应用：这个理论关注如何通过沟通影响人们的态度和行为。在乡村文化传播时，可以利用有效的沟通策略，比如故事讲述，来传达文化价值。

例子：讲述当地历史故事和传说，用引人入胜的方式传播乡村文化，使之更加吸引人。

4. 认知不协调理论

应用：当人们的行为与其信念不一致时，会产生心理不适。在乡村文化传播中，可以利用这种不适感来激发游客对文化的好奇心和探索欲。

例子：展示乡村独特的文化习俗，引发游客的好奇心，促使他们更深入地了解和体验这些习俗。

5. 文化适应理论

应用：这一理论强调个体如何适应新文化环境。在乡村文化传播中，可以通过提供易于理解和参与的活动，帮助游客更好地融入当地文化。

例子：为游客提供乡村文化体验课程，如当地方言的简单教学或传统工艺的体验课，帮助他们更快地融入当地文化。

6. 情感共鸣理论

应用：情感共鸣是指分享和理解他人情感的能力。乡村文化传播中，通过展现当地人的生活故事，可以激发游客的共鸣，增加其对文化的情感投入。

例子：通过纪录片或故事分享会，展示乡村居民的日常生活和情感故事，让游客感受到当地人的生活状态和情感。

这些心理学原理的应用，不仅可以使乡村文化传播更加生动和有效，还能增进游客对乡村文化的理解和尊重，从而促进文化的保护和传承。

三、农耕文化与民俗文化

农村是我国传统文明的发源地，乡土文化的根不能断，农村不能成为荒芜的农村、留守的农村、记忆中的故园。农村优秀传统文化是我国农耕文明曾长期领先于世界的重要基因密码，也是新时代提振农村精气神的宝贵精神财富。而农耕文化是人们在长期农业生产中形成的一种风俗文化，它是世界上最早的文化之一，也是对人类影响最大的文化之一，是农村优秀传统文化的源头。

（一）农耕文化与民俗文化的产生

农耕文化产生在前。随着人类从采集时代进入农业时代，人类开始从事农业生产，这就形成了最原始的农耕文化。

农耕文化起源：随着人类学习如何种植植物和饲养动物而产生。在反复试误中形成了各种农业生产技术和知识。

民俗文化起源：是在农业生产活动中逐步形成的。各种生产生活中的习俗、信仰、节日等构成了民俗文化。

农耕文化与民俗文化的共同点：

（1）都深深影响和渗透在对方文化中。

（2）都与人类的生产生活和精神生活密切相关。

农耕文化与民俗文化的不同点：

（1）农耕文化主要是各种农业生产技术和知识。

（2）民俗文化内容更广泛，包括习俗、信仰、节日、艺术等多个方面。

总之，农耕文化产生较早，是民俗文化形成的基础，两者相互渗透，共同构成了一个完整的文化体系。

（二）农耕文化与民俗文化的关系

农耕文化是民俗文化的重要组成部分，深深影响和渗透在民俗文化中。农耕生产活动产生的各种习俗和信仰，构成了丰富多彩的民俗文化。民俗文化又反过来影响和丰富了农耕生产活动的形式。两者互为依存，共同发展。

（三）挖掘农耕文化和民俗文化的价值

1. 挖掘农耕文化的价值

弘扬优良的农耕技术和生产方式，保护并传承农业文化典型项目和节日庆典，开展农耕文化体验项目，传承农耕文化，建设农耕文化主题博物馆、公园等场馆，制作农耕文化相关影视作品和书籍，等等。

在挖掘乡村民俗文化价值过程中，可以发挥农耕文化的以下作用：

农耕文化是民俗文化形成的基础，可以提供丰富的文化内涵；基于农业生产方式，设计各类农耕文化体验项目和产品；弘扬优良的农业技术和生产方式，丰富民俗文化内涵；基于农耕节日和习俗，丰富民俗文化活动的形式。

农耕文化在提高农文旅融合效益中的作用：

丰富农文旅产品，设计各类农业体验项目；弘扬优秀农业文化，提升乡村文化品质和软实力；与民俗文化相结合，丰富农文旅活动形式，提升参与度；促进农业产业发展，带动乡村经济增长。

2. 挖掘民俗文化的价值

开展民俗文化调研与保护工作，整理和保护各地民俗文化遗产；建设民俗文化博物馆、文化村等场馆，开展民俗文化体验活动和表演；开发民俗文化产品，促进文化产业发展；开展学术研究，制作文化艺术作品，弘扬优秀民俗文化；吸引社会资本参与文化产业投入，引导公众参与文化传承和发展，引导公众参与文化传承，提高文化自信心。

以上方式可以共同挖掘农耕文化和民俗文化的历史价值与现实意义，让农耕文化与民俗文化相辅相成，充分利用两者内在关联，共同打造文化品牌；互为依托，结合各自优势设计文化项目；相互渗透，在文化传承和产业开发等各个环节相互促进，形成文化资源互补的良好生态，提升乡村文化整体水平。

四、"文化味"如何锁住人心

《浙江宣传》公众号上的一篇文章从人们为什么喜欢西湖说起，认为因为西湖深厚的文化底蕴，历史上曾有无数文人墨客在此留下诗词歌赋等艺术作品，西湖已经远不只"西湖"本身，而是中华民族共同的文化记忆。只有把"文化味"充分地挖掘和呈现出来，才能够真正走到人们的心坎里去。如何将这些珍贵的文化资源进一步活化利用，让越来越多的年轻人拥抱传统文化，是践行新的文化使命的一部分，极具时代意义。

文化传承发展具有其自身规律，在强调一般性的同时，更要突出其特殊性。如何让优秀传统文化真正火起来，真正成为向而往之的打卡地？

其一，思想跟上。悠悠五千年中华文明，优秀传统文化可以说承载着中华民族的共同记忆，充盈着浓郁的国风国潮，是构筑文化自信的基础。对于这个问题如何理解、怎么看待，能够很好地看出一个地方、一个人的历史纵深和文化素养。

实践中，地方政府的重视程度和决策管理、开发商的文化品位和设计眼光，以及公众群体的认同呵护，都是优秀传统文化创造性转化、创新性发展的重要因素。每一个主体都十分重要，只有全方位投进去，才能结出累累硕果。

其二，内涵挖深。百里不同风，千里不同俗。中华大地上，多元文化各有万千气象，同质化现象本就不应该。因此，让各种特色文化"各美其美"，需要有意识地挖掘特色文化内涵，形成独特文化标识。

文化内涵始终是影响品位的终极内核，文化格调越高、文化标识越鲜明，就越能够吸引人。在传统元素、传统生活方式、景象高度还原的同时，不浮于表面、不急功近利，找到传统文化与时代结合的最佳"打开方式"，给人们一个打卡的理由。

其三，体验拉满。传统文化既要"登峰"也要"落地"，而"落地"最重要的一个方面就是要有身临其境、参与其中的体验感。像走入衢州水亭门街区，在庭院楼阁等传统建筑中穿行，观看演员与场景融为一体的"水亭门之夜"实景演出，要是再穿上古色古香的传统服装，真有穿越时空、不知今是何世之感。

在科技发展的大背景下，技术应用也成为提升体验感的关键，全景式数字化沉浸、多维度探索式交互等文化科技层出不穷，让历史与现代交织、古风与赛博互融成为可能。

其四，时代贴紧。优秀传统文化如何旧中出新、融入时代是事关传承发展的一个大问题。首先要思考当下人们喜欢什么、需要什么。无数案例启示我们，一些传统文化的出圈，其实不仅在于它们自身的生命力，还在于契合了当前人们对于文化的最新需求。像古街古镇旅游的火热，不只是因为有风景、有美食，更是踩准了当下年轻人对"慢生活"的渴望。

互联网和社交媒体高度发达的今天，"酒香也怕巷子深"。要让传统文化进一步火爆出圈，不仅要盯着线下游客，还要注重互联网上的文化传播。或许一张照片、一段文字、一条短视频，就可能抓住人心，让年轻人背上书包来一场说走就走的旅行。

文化引领、产业带动。推动文化产业人才、资金、项目、消费下乡，促进创意、设计、音乐、美术、动漫、科技等融入乡村经济社会发展，挖掘提升乡村人文价值，增强乡村审美韵味，丰富农民精神文化生活，推动人的全面发展。

第六节 美好生活与人性

新时代我国社会主要矛盾是人民日益增长的美好生活需要和不平衡不充分的发展之间的矛盾。人民对美好生活的向往就是我们奋斗的目标。农文旅融合发展是发展美好经济的重要组成部分。

一、美好生活的含义

美好生活是指生活质量高、生活满意度高的生活方式。每一个人都同时存在着多种生活需要，可大体上将这些需要分为生存需要、成长需要、舒适或快乐需要、意义需要四个基本方面，所谓美好生活就是能够使人们的各种生活需要得到适度满足的生活。

（一）美好生活的基本内涵

西方古代哲人追求的"美好生活"以"理性"为基本内涵，即使是能够把真与善、知识论与价值论统一起来的智者苏格拉底，归根结底他还是把"理性"作为美好生活的根本尺度而由衷慨叹"未经反思的生活是不值得过的"。古希腊也有崇尚生活之美与道德的流派，如被黑格尔称为"自我意识哲学"的伊壁鸠鲁主义、斯多葛主义和怀疑论哲学，但其重大意义却被忽视了。中国古代思想家眼中的"美好生活"以"德性"为核心要义。先秦以来诸子百家，各家各派的思想观点虽各有不同，但都把追求理想人格、提升道德境界作为基本价值追求，把天人相合、伦常有序的道德生活作为其所追求的美好生活的基本要义。由此可见，无论是西方传统"崇智"的"美好生活"，还是中国古代"尚德"的"美好生活"，强调的都是与现实生活保持一定距离的精神超越层面，缺少了对现实感性层面的关注，人的感性物质欲望被忽视，这样的"美好生活"无疑是价值缺失的。

首先，"美好生活"是通过人并且为了人而实现的对"美"与"好"的本质占有。其次，"美好生活"是日常生活与非日常生活相统一的现实生活。最后,"美好生活"是内涵丰富、价值完整的动态系统。美好生活是包括物质充裕、精神富足、制度公正、社会和谐、环境宜居等诸多要素在内的完整的生活系统。片面追求某一方面,过度发展一种维度,就会与"美好生活"背道而驰。

于春玲等认为,物质维度、制度维度和精神维度构成了"美好生活"的三个基本维度,相应地,新时代"美好生活"的内涵也主要包括三个方面:感性物质层面的"幸福"、社会制度层面的"公正"、精神超越层面的"崇高"。人是追求意义的存在,即不断超越现有而追求更好、更美、更为完善、更为高尚的自我和世界。这种对精神"崇高"的追求是人之为人的独特之处,也是美好生活的本质内涵。现实生活中最能感受到生活美好的,往往不是财富最多的人,而是精神富足的人。"好的生活"与"美的生活"是追求美好生活过程中的一对矛盾,解决这一矛盾的关键在于提升对"美"的感受力。

美好生活的基本内涵包括以下几个方面:

(1) 物质生活的富足:物质生活是美好生活的基础,包括食品、住房、教育、医疗等方面的基本需求得到满足。

(2) 精神生活的充实:精神生活是美好生活的重要组成部分,包括文化、娱乐、艺术、社交等方面的需求得到满足。

(3) 社会生活的公正和谐:社会生活是美好生活的重要保障,包括社会公正、社会治理、社会和谐等方面的需求得到满足。

(4) 自然环境的美丽宜居:自然环境是美好生活的重要条件,包括生态环境、空气质量、气候变化等方面的需求得到满足。

美好生活的内涵不仅包括物质和精神生活的满足,也包括社会和自然环境的改善和优化。在实现美好生活的过程中,需要综合考虑多个方面的因素,以实现整体的平衡和协调。同时,美好生活也是一个不断追求和实现的过程,需要不断地进行自我超越和创新。

(二) 美好生活的本质特征

"美好生活"是一个历史性概念。尽管追求美好生活是人类从古至今未曾改变的愿望,但不同时代的人有不同的思维和需求,不同时代有各自不同的"美"与"好"的标准,不同时代的"美好生活"也因此具有不同的内涵与价值。其特点有:美好生活是指不断追求和实现人民对美好生活的向往和追求的过程,这种追求和实现不仅包括物质生活的富足和满足,也包括精神生活的充实和高贵,以及社会、环境和生态等多方面的平衡和协调。

美好生活的本质特征可以从以下几个方面来理解:

(1) 历史性:美好生活不是一蹴而就的,而是需要在历史的发展过程中不断追求和实现的。在不同的历史阶段,人民对于美好生活的理解和追求也不同,因此美好生活的本质特征也会随着历史的发展而不断变化和丰富。

(2) 社会性:美好生活不仅仅是个人层面的追求和实现,更是社会整体和谐繁荣的体现。作为社会个体的人,应该在社会关系中寻找自己的定位和发展空间,同时社会也应该为个体提供更多的获得感、幸福感和安全感。

(3) 动态性:美好生活的追求和实现是一个动态的过程,而不是静止的状态。在不同的阶段,人民对于美好生活的追求和实现也会呈现不同的特征和重点,因此需要不断地调整和优化发展策略和路径,以更好地满足人民对于美好生活的追求和实现。

(4) 全面性:美好生活涵盖了物质、精神、社会、环境和生态等多个方面,因此它的本质特征具有全面性和整体性。在追求和实现美好生活的过程中,需要综合考虑多个方面的因素,以实现整体的平衡和协调。

总之,美好生活的本质特征是历史性、社会性、动态性和全面性,它是一个不断追求和实现的过程,需要在多个方面综合考虑,以实现整体的平衡和协调。

(三) 美好生活的构成要素

(1) 经济因素(收入、消费水平)。

(2) 社会关系因素(社交圈子、亲密关系)。

（3）健康因素（身心健康状况）。

（4）心理因素（幸福感、满意感）。

（5）环境因素（居住环境、工作环境）。

（四）在农文旅融合中共享美好生活价值链

（1）分享美好生活方式。

（2）传递美好生活美学。

（3）营造美好生活空间。

（4）展示美好生活品位。

（5）满足美好生活情怀。

（6）提供美好生活体验。

二、美好生活与人性之间的关系

美好生活与人性之间有着密切的关系。

首先，美好生活是人性的一种体现和表达。人性的本质是追求幸福和满足，这种追求在美好生活中得到了体现和表达。美好生活满足了人的基本需求和愿望，同时也使人的生命更加充实和有意义。

其次，美好生活也是人性的一种需要和追求。人们对于美好生活的向往和追求是人类不断进步和发展的动力之一。在追求美好生活的过程中，人们不断地探索和创新，从而推动了人类社会的不断进步和发展。

最后，美好生活对于人性的塑造和提升也有着积极的作用。美好生活中所蕴含的公正、平等、自由、尊严等价值观念，对于塑造和提升人性具有重要的意义。这些价值观念不仅为人们提供了精神上的支撑和指引，同时也使人们更加注重自我完善和超越，从而提升了自己的人生境界和价值。

综上所述，美好生活与人性之间相互联系、相互促进，共同推动着人类社会的不断进步和发展。

三、从满足人对美好生活的需要角度看农文旅的融合

从满足人对美好生活的需要角度来看,农业、文化与旅游的融合发展的价值可以主要表现在以下几个方面:

(1)提升旅游体验和旅游价值:农业、文化与旅游的融合可以让游客获得更深入的旅游体验和更大的旅游价值。例如,可以推出农业文化旅游产品,将农业、文化和旅游相结合,让游客在游览的过程中深入了解当地的文化和历史,同时也可以体验当地的传统农耕文化和技术,感受农业与文化的融合。

(2)推动经济发展和增加农民收入:农业、文化与旅游的融合发展可以促进当地经济的发展和增加农民收入。例如,可以发展农业文化旅游产业,将农业、文化和旅游相结合,打造具有特色的农业文化旅游产品和品牌,以吸引更多的游客前来游览和消费,从而促进当地经济的发展和增加农民的收入。

(3)促进文化传承和创新:农业、文化与旅游的融合发展可以促进当地文化的传承和创新。例如,可以加强对当地农业文化遗产的保护和传承,同时也可以将传统文化元素与现代旅游产品相结合,创新出更具有吸引力的旅游产品和服务,从而促进当地文化的传承和创新。

(4)推动农村发展和乡村振兴:农业、文化与旅游的融合发展可以推动农村发展和乡村振兴。例如,可以加强农村基础设施建设,提高农村的环境和卫生水平,同时也可以将农村资源与旅游业相结合,打造具有特色的农业文化旅游产品和品牌,吸引更多的游客前来游览和消费,从而推动农村发展和乡村振兴。

综上所述,从满足人对美好生活的需要角度来看,农业、文化与旅游的融合发展可以通过提升旅游体验和旅游价值、推动经济发展和增加农民收入、促进文化传承和创新以及推动农村发展和乡村振兴等方面来实现。这些措施不仅可以促进农业、文化与旅游业的融合发展,同时也可以满足人们对美好生活的需求。

第七节　农文旅融合的内在逻辑

农文旅融合是以农业为基础、文化为纽带、旅游为平台的产业发展新模式,其内在逻辑在于通过不同产业间的资源共享和价值互补,促进彼此的发展,并最终实现农村经济社会的全面振兴。随着社会经济的进步与发展,人们对于生活质量的追求也日益增高,这就要求农村地区不仅要保持其农业生产的基本职能,还应发挥其文化和旅游资源的潜在价值。在此过程中,农业、文化与旅游业实现了从单一到多元、从分散到融合的转变,逐步构建起一种具有内在逻辑性的互动关系。

首先,农业与文化之间的融合可谓天然。农业不仅提供了食物生产和生态环境保护等物质层面的价值,同时也孕育了特有的农耕文化,承载着地方历史、传统技艺、民俗风情等非物质文化遗产。这些文化遗产的挖掘和保护,为农业增加了文化附加值,同时也提升了农村地区的文化吸引力和认同感。通过将农业生产与文化元素相结合,不仅能够增加农产品的附加值,也能吸引游客前来体验,推动乡村旅游的发展。

其次,旅游业作为服务业的一个重要分支,其本质在于满足人们的休闲娱乐需求。文化资源的丰富,为旅游业发展提供了内容和形式上的多样性。当地独有的文化资源成为吸引游客的独特卖点,从而促进了旅游业的增长。反过来,旅游业的发展又为农民提供了新的就业机会和收入来源,促进了地方经济的多元化发展。

最后,农文旅的融合不仅在产业层面上进行资源共享和价值互补,还产生了显著的协同效应。在农业方面,文化旅游的引入可以改变农业的经营方式,提升农业效益;在文化方面,旅游带来的资金和人流可以促进文化资源的保护与传承;在旅游方面,农业和文化的结合可以提升旅游产品和服务的内涵。这种三者间的相互促进和协同增效,极大地丰富了乡村振兴的内涵,促进了农村的经济发展和社会进步。

在农文旅融合的过程中产生的协同效应显著,它不仅促进了各自产业的发展，更是推动了农村地区经济社会的全面进步。具体表现在以下几个方面：

（1）经济效益的提升。农文旅融合推动了农产品向休闲农业、观光农业的转型，创新了农业经营模式，提高了农产品的市场竞争力。同时，文化与旅游业的互动为农村地区带来了更多的商机和投资，增加了农民的收入来源。

（2）生态环境的改善。文化旅游注重生态环境的保护，它倡导绿色旅游、生态旅游，促使农业生产朝着生态可持续的方向发展。这一转变不仅有利于环境的改善，还提高了农村地区的生活质量。

（3）社会文化的繁荣。农文旅的融合让农村地区的文化遗产得到了更好的传承与发展，增强了当地居民的文化自信和文化认同，加强了社会文化的凝聚力。同时，它也为外来游客提供了深入了解和体验地方文化的机会。

需要注意的是，农旅与文旅是不同的业态，全国很多地方却颠倒了，往往都做成了文旅，看似热闹几年，最后根本收不回投资成本。农旅是以农业产业为基，在一产二产基础上叠加出来的旅游产品，更多的是带孩子们劳动体验、农事体验、农耕文化传承、采摘、观光等。全域旅游也好，美丽乡村建设也好，很多地方喜好亮化、绿化、硬化来做产品，统一标准，没有差异化，但有一个优点是出形象、见效快，结果未见效益。农业和旅游不结合的表现形式主要表现在：一是很多农庄只会做休闲旅游，不愿做农业；二是有的休闲农庄虽然有种养农业生产，也有吃饭、棋牌、钓鱼等休闲旅游活动，农业生产与休闲旅游活动只是空间布局上的放在一起，农业和文旅没有什么关联性，更谈不上相互促进。这种结合只是低端结合，很容易复制，同质化经营肯定难持久。

农旅融合不是单纯的文旅融合，休闲农业要想持续发展一定要实现农文旅的结合是"有机"的，农业是旅游的基础，文化旅游活动要能促进农业的进一步发展，在一个休闲园区，农文旅应该是相互依存、相互促进的"有机"结合关系。

综上所述，农文旅融合的内在逻辑是通过农业、文化与旅游业三者之间的相互作用与资源互补，产生协同效应，不仅促进了各自产业的发展，更是推动了农村经济社会的全面进步。这种融合模式为乡村振兴提供了新思路，为农村可持续发展提供了新动能。在此基础上，探讨推动农文旅融合发展的机制，包括政策支持、市场驱动和创新驱动三个方面，成为实现这一理念的关键。

第八节　农文旅融合发展的推进机制

一、政策支持

政策支持是农文旅融合的重要推动力。国家和地方政府通过制定和实施相关政策，为农文旅融合提供方向指引、资金扶持、法律保障和服务支持，创造有利的外部环境。政策措施主要包括但不限于：

（1）资金扶持：提供财政补贴、税收减免、信贷支持和投资引导基金，降低农文旅项目的启动和运营成本。

（2）土地政策：适度放宽农村土地使用限制，允许将部分农地用于文化和旅游项目建设，鼓励多功能农业发展。

（3）产业发展规划：制定农文旅发展规划，明确产业定位、发展目标和重点项目，引导资源合理配置。

（4）项目审批便利化：简化农文旅项目审批程序，缩短审批时限，提升行政效率。

（5）人才培养：加大对农文旅相关专业和技能培训的投入，提高从业人员的服务水平和管理能力。

（6）文化保护与传承：实施文化遗产保护项目，促进非物质文化遗产的活化利用，提升乡村文化价值。

（7）市场环境建设：建立标准化、透明化的市场体系，优化农文旅市场的监管机制。

通过这些政策支持措施，政府能够在一定程度上减轻创业者的负担，激发农文旅产业的活力和创新能力。

二、市场驱动

市场是农文旅融合的调节器和指导者。在市场经济体制下，市场需求的变化直接影响着农文旅产业的供给结构和发展方向。市场在农文旅融合中的主要作用包括：

（1）资源配置：市场机制通过价格信号指导资源向效率高、收益好的农文旅项目流动。

（2）消费驱动：消费者对于乡村旅游和文化体验的需求推动了农文旅产品和服务的创新。

（3）竞争促进：市场竞争促使农文旅企业不断提高服务质量和管理水平，增强产业核心竞争力。

（4）市场营销：良好的市场营销策略可以提高农文旅项目的知名度和吸引力，扩大消费群体。

市场力量的作用在于调动企业和个体投资者的积极性，促进产品和服务的多样化和个性化。

三、创新驱动

创新是农文旅融合持续发展的核心动力。它涉及产品和服务创新、技术创新、管理创新和模式创新等方面，主要表现为：

（1）产品和服务创新：开发新的旅游产品和服务，如特色农庄、乡村体验游、文化主题活动等。

（2）技术创新：应用现代信息技术、生物技术等于农业生产、旅游服务中，提升效率和体验。

（3）管理创新：采用现代企业管理理念和方法，改善项目运营效率和服务质量。

（4）模式创新：探索合作共赢的农文旅融合模式，如 PPP 模式、产业链一体化等。

创新能够使农文旅产业适应市场和技术发展的变化，提高产业的可持续竞争力。

四、机制实际效果评估

当前推动机制在实践中取得了一定的成效，但也面临诸多挑战。例如，政策支持在提供资金和优惠政策方面发挥了作用，但政策落地的执行力度和实效性仍需加强；市场作用在引导资源配置方面有效，但过度商业化和同质化竞争问题日益凸显；创新驱动在促进产业升级方面贡献显著，然而创新能力不足和缺乏系统创新体系依旧是制约因素。

针对这些问题，建议进一步完善政策支持体系，强化政策的精准性和可操作性；引导市场健康发展，打造差异化和特色化的农文旅产品；加强创新能力建设，鼓励和支持技术革新和业态创新，构建长效的创新生态系统。通过这些举措，可以更好地激发农文旅融合发展的内在活力，推动产业健康持续发展。

第三章

农文旅融合持续盈利点分析：流量、转化率、客单价、复购率

随着全球旅游业的不断发展，乡村旅游凭借其独有的魅力和广泛的资源优势逐渐成为旅游市场的新宠。乡村旅游不仅能够促进地方经济发展，提升农村居民的收入，还有助于城乡居民之间的文化交流和心灵沟通。然而，尽管潜力巨大，乡村旅游在实际发展过程中仍面临着盈利能力不强、商业模式不清晰等一系列问题。因此，探讨和分析乡村旅游的盈利点，不仅具有理论价值，也具备现实的指导意义。

　　首先，从行业背景来看，乡村旅游作为旅游业中的重要组成部分，正逐步被更多人认识和接受。随着都市化进程的加快，人们越来越渴望逃离都市的喧嚣，寻求一份宁静和自然的恬淡。乡村旅游应运而生，它以其独有的自然风光、民俗文化和生态环境，满足了现代人对于身心健康和精神生活的需求。同时，随着国家政策的大力支持和农村经济结构的转型，乡村旅游业得到了迅猛发展。但是，如何将自然资源和文化遗产转换为经济效益，实现可持续发展，是一个亟待解决的问题。

　　其次，研究意义体现在，深入分析乡村旅游的盈利点，有助于优化乡村旅游的商业模式，提高行业的整体盈利能力。具体来说，了解乡村旅游的流量、转化率、客单价和复购率之间的相互关系和作用机制，可以为旅游经营者提供精准的市场定位和营销策略。这不仅有助于乡村旅游目的地吸引更多的游客，提高游客满意度和忠诚度，还能为游客提供更加个性化和高品质的服务，进一步推动乡村旅游市场的繁荣和发展。

　　最后，分析目的在于探究乡村旅游盈利的内在逻辑，揭示影响盈利的关键因素，并提出有效的优化建议。具体而言，通过深入研究不同类型的乡村旅游项目在盈利点上的表现和差异，可以提炼出成功的经营策略和方法。这对于指导乡村旅游经营者明晰盈利模式、把握市场脉搏，乃至对于引导政策制定者制定更加科学合理的支持政策都具有不可或缺的作用。因此，对乡村旅游盈利点的深入分析，是理解和推进当代乡村旅游可持续发展的关键一环。

综上所述，乡村旅游盈利点分析对于推动乡村旅游业的健康发展具有深远的意义。通过对流量、转化率、客单价和复购率等关键指标的系统研究，不仅能够为企业和地方政府提供科学的决策依据，也有助于提升乡村旅游的整体竞争力和市场活力。因此，本章旨在通过对乡村旅游盈利点的细致探讨，为相关领域的理论研究和实践应用提供有价值的参考和指导。

在深入剖析乡村旅游的盈利点前，了解其市场的现状显得尤为重要。乡村旅游市场现状的分析是基于对历史数据的回顾、现今的市场调查以及对未来趋势的预测。在这一环节中，我们会详细收集并分析乡村旅游市场的统计数据，通过数据展现乡村旅游业的成长脉络，总结其发展趋势和市场特点。

首先，乡村旅游市场的发展离不开宏观经济环境的影响。疫情之后，随着经济逐步复苏，民众对乡村旅游的需求迅猛增长，乡村旅游接待游客量持续上升。而从乡村旅游的受益人群来看，我国每年约有5500万农民从中受益，这表明乡村旅游已经成为促进农民收入和农村经济发展的重要渠道。

其次，乡村旅游市场的特点是多样化的，涵盖了从观光农业、乡村民宿到乡土文化体验等多种类型。从市场结构上看，乡村旅游主要以短途和周边游为主，这种模式符合现代人追求休闲和回归自然的心理需要。乡村旅游不仅为游客提供了远离城市喧嚣的平静空间，也为当地的经济活动带来了新的活力。

最后，市场的发展现状还受到国家政策的影响。近年来，我国政府推出了一系列旨在发展农村经济、实施乡村振兴战略的政策措施，其中包括提高农村基础设施水平、加强农产品销售渠道建设、扶持乡村旅游等。这些政策为乡村旅游市场的蓬勃发展提供了有力支撑。

从消费者需求的角度来看，乡村旅游在满足游客对自然环境、文化体验和身心健康方面的需求中显示出其独特的吸引力。特别是在"亲近自然"和"体验传统文化"的需求不断增强的当下,乡村旅游正变得日益受欢迎。乡村旅游的发展不仅改善了当地居民的生活质量,也为游客带来了全新的旅行体验,增强了市场的吸引力和黏性。

然而,乡村旅游市场的发展也面临一些挑战。例如,部分地区的旅游基础设施尚不完善,导致游客在交通、住宿和娱乐等方面的体验有限。此外,部分乡村旅游产品同质化严重,缺乏创新和特色,影响了市场的长远发展。因此,加强乡村旅游的产品开发和品牌建设,是提升乡村旅游市场竞争力的重要途径。

综上所述,优秀的商业模式不仅关注如何盈利,也关注如何长期可持续盈利,更关注如何获得超越行业平均水平的超额利润。乡村旅游市场正呈现出旺盛的发展态势,其多元化的产品和服务模式、以人为本的体验设计以及受政策扶持的市场环境,共同推动了这一市场的成熟和拓展。为进一步提高乡村旅游的持续盈利能力,接下来需对如何有效提升乡村旅游目的地的流量进行深入分析。流量是乡村旅游盈利的起点,本章将从分析如何有效地提高乡村旅游目的地的流量开始,依次逐个分析流量、转化率、客单价、复购率等盈利四要素。

第一节 流 量

乡村振兴,首先要激活人气,人气旺,财气才旺,产业才旺。流量是基础,但流量是把双刃剑,唯流量是有风险的。值得警醒的是,卖萌耍宝、标新立异只能带来一时新鲜,始于流量却止于"留量"的反面案例不少。任何地方,注重打好基础、夯实内功,"卷"面子的同时更要"强"里子,比如悉心完善配套设施,做好旅客住宿、出行咨询服务等,潜功做好了,线上看客有望变成线下游客,更多头回客才会转化为回头客。

一、流量的含义

流量,物理学名词,指单位时间内流经封闭管道或明渠有效截面的流体量，又称瞬时流量。当流体量以体积表示时称为体积流量；当流体量以质量表示时称为质量流量。单位时间内流过某一段管道的流体的体积称为该横截面的体积流量。简称为流量，用 Q 来表示。

流量的特征：

流体的状态和性质：流体的状态（如液体、气体或固体）和性质（如黏度、密度、比热容等）会影响流体的流动特性和测量方法。

流速：流速是影响流体流量的重要因素之一。在恒定流速的条件下，流体的流量与流速成正比。

管道的直径和形状：管道的直径和形状也会影响流体的流量。在相同的流速条件下，管道直径越大，流量也越大。而管道的形状（如直管、弯管、阀门等）也会对流体的流动产生影响，从而影响流量。

测量设备的精度：测量设备的精度也会影响流量的测量结果。高精度的测量设备可以获得更准确的测量结果。

环境因素：环境因素（如温度、压力、湿度等）也会对流体的流量产生影响。在某些情况下，需要对环境因素进行控制或补偿，以确保测量结果的准确性。

总的来说，流量是一个复杂的物理量，受到多种因素的影响。在工业生产和科学研究中，对流量的准确测量和控制具有重要意义。

在网络经济中，流量的含义和特征如下：

在互联网情景下，流量，是指在一定时间内打开网站地址的人气访问量，泛指某一媒体与事件能够吸引到的人数，通常会用点击量或者观看量来衡量这一指标，同时也指手机移动数据的意思。

流量的特征：

规模性：在互联网时代，流量规模呈现出快速增长的态势。随着网民数量的不断增加，流量的规模也在不断扩大。

多样性：流量类型多种多样，包括网站流量、App 流量、社交媒体流量等。每种流量类型都有其特点和应用场景。

价值性：流量具有很高的价值，能够为网站或 App 带来收益。通过精准营销、广告投放等方式，可以实现流量变现。

可测量性：流量的数据可以通过各种工具和平台进行测量和统计，从而帮助企业和个人了解用户行为和需求。

动态性：流量数据是动态变化的，受到多种因素的影响。企业和个人需要不断调整和优化流量策略，以实现最佳效果。

总的来说，流量是网络经济中的重要资源，具有规模性、多样性、价值性、可测量性和动态性等特点。正确运用流量数据可以帮助企业和个人实现商业目标，推动经济发展。

二、流量在乡村旅游中的作用

流量作为乡村旅游盈利模式中的首要因素，其直接关联到景区的知名度、吸引力以及最终的游客数量。在当前信息时代，流量已成为评估乡村旅游项目成功与否的关键指标之一。通过有效的流量提升策略，可以大幅度增加潜在游客的关注度，进而转化为现实的旅游收入。具体来说，流量来源的多元化、流量提升策略的科学性以及流量质量的高低都是影响乡村旅游盈利能力的重要因素。

1. 流量来源的多元化

对于乡村旅游来说，流量来源主要包括在线媒体宣传、线下活动推广、口碑传播、政府与机构支持等多个渠道。在线媒体宣传如通过社交网络、旅游网站和博客发布目的地相关信息，利用SEO（搜索引擎优化）策略提升网页排名，以及通过旅游平台如Trip.com合作促销。线下活动推广则包括旅游博览会、地方节庆活动以及与旅行社的合作推广。口碑传播则更多依赖于游客的个人经历和分享，这在现今社交网络盛行的背景下尤为重要。政府与机构支持则体现在对乡村旅游项目的资金扶持、政策倾斜和基础设施建设上，以此来吸引更多的游客。

2. 流量提升策略的科学性

提升流量的策略需要具备科学性和针对性。首先，定位明确的目标客群和了解其需求特征是基本前提。通过市场调研获取精准的客群画像，并设计符合他们偏好的推广计划。其次，营销内容的创意与质量决定了吸引力的大小。高质量的内容能够引起共鸣，刺激分享和口碑传播，而创意营销能够在短时间内迅速吸引目光，产生病毒式传播效应。最后，数据分析是优化流量策略不可或缺的工具，通过对用户行为、转化情况等数据的监控与分析，可以实时调整推广方案，提升流量质量和转化率。

3. 流量质量的高低

流量质量直接决定了转化率，而转化率决定了营收水平。高质量的流量意味着游客对乡村旅游目的地有较高的兴趣和成交潜力。在具体操作中，可通过用户停留时间、互动率、预订意向等指标来评估流量质量。此外，对于乡村旅游来说，地理位置、交通便利性、周边环境等也是影响流量质量的重要因素。因此，除了推广策略外，提升目的地的吸引力也是提高流量质量的有效途径。如改善基础设施、增设旅游配套服务、举办独具特色的文化活动等，都能够提升游客对目的地的整体印象，从而吸引更多高质量流量。

流量的提升也应注重持续性和稳定性。单次流量高峰虽可带来短期内的盈利增长，但长远来看，持续稳定的流量对乡村旅游发展的可持续性有着根本的影响。因此，乡村旅游项目需要建立长期的客户关系管理机制，通过不断优化服务质量和提高客户满意度，促进口碑传播，形成良性循环，吸引更多的重复访问和新游客。

4. 流量提升对乡村旅游的影响

流量对乡村旅游的直接影响体现在游客数量的增减上，随着游客数量的增加，乡村旅游的直接收入将相应提升。更重要的是，游客的增多还将带动当地其他相关产业的发展，如餐饮、住宿、土特产品销售等，产生综合经济效应。而流量的增加也可能带来一些负面影响，如环境压力增大、传统乡村生活方式受到冲击等，这就要求乡村旅游的开发和管理需要遵循可持续性原则，合理规划和控制游客数量，保护乡村环境和文化的原生态。

在直播带货很火的阶段，但也要冷思考，应建议大家冷静理性地消费，消费会让你的生活快乐，但消费主义会让你生活得痛苦，如果主播把自己变成了一个攫取资源，然后看着数字爆炸增长的销售的话，那是不可持续的。主播不能只做一个卖货的人，还要一同愿意带领大家去看世界，一同愿意去传播文化，一同愿意去做农业。当前要建立起有潜能的消费和有效益的投资之间的相互促进的良性机制。

通过上述分析，可以看出流量的提升对乡村旅游盈利具有重大意义。然而，流量提升的策略需要根据乡村旅游目的地的具体情况来定制，需要综合考虑目的地的特色、潜在客群的需求以及市场的竞争态势。未来乡村旅游的发展将更加依赖于科学的流量管理和高效的市场营销策略。在此基础上，转化率的提升将成为接续流量提升后，进一步确保乡村旅游盈利能力的关键环节。

三、发展流量经济的关键因素

1. 人口红利

国家或地区的人口规模和结构对流量经济的发展至关重要。庞大的人口规模可以提供更多的潜在用户，而年轻的人口结构则更有可能使用互联网和移动设备。

旅游市场短期看产品，中期看经济，长期看人口。以亿为级的庞大人口出游需求，完全可以让更多旅游目的地旺起来。

2. 技术基础设施

流量经济离不开互联网和移动通信技术的支持。高速稳定的网络和普及的移动设备是保障流量经济发展的基础。

3. 数据资源

流量经济需要大量的数据支持，包括用户行为数据、消费数据、社交网络数据等。这些数据可以帮助企业更好地了解用户需求和行为，并进行精准营销和个性化推荐。

4. 创新能力

流量经济需要不断创新，提供新的产品和服务，以满足用户需求的多样化和个性化。企业需要具备创新能力和敏锐的市场洞察力，才能在竞争激烈的市场中脱颖而出。

盘点 2023 年，从"文旅局长卷上天""特种兵式旅游""村 BA""村超"到城里的 City walk、文博热，再到双节叠加景区景点"人从众"……持续上涨的热情、不断刷新的数据，那些让我们难忘的旅游热词背后，映射出人们对美好生活的期盼，是旅游市场的强势复苏，也呈现出市场气氛、旅游体验和网红城市的新变化。

发展流量经济的重点难点包括以下 4 点：

（1）竞争压力：流量经济市场竞争激烈，各大企业都在争夺用户流量和市场份额。要想在这个竞争激烈的环境中生存和发展，企业需要具备独特的竞争优势和核心技术。

（2）用户信任和隐私保护：随着流量经济的发展，用户对于个人信息的保护和隐私安全越来越关注。企业需要建立良好的信任机制，保护用户的隐私和个人信息，赢得用户的信任。

（3）盈利模式：流量经济的盈利模式相对复杂，需要在广告、付费服务、电商等多个领域寻找盈利点。企业需要寻找适合自身业务的盈利模式，并建立可持续的盈利能力。

（4）法律法规和政策环境：流量经济的发展也面临着政策和法律法规的监管，包括数据安全、网络治理等方面的规定。企业需要遵守相关法律法规。

四、提升农文旅融合项目流量的策略

2022 年以来，一些地方文旅热度持续走高，流量带来的巨额红利，让各地文旅部门背起了来自政府绩效和市民期待的"双重 KPI"。但蹭热点易留热度难，线上容易线下难，一时兴起易久久为功难。当下的城市传播已从事实传播出圈升级到情感传播出圈，并进一步迈向价值传播出圈。因而，城市和农村不仅要有鲜活的"人设"IP加持，更要持续发力，把独特的传统文化、人文特色中蕴含的"软"价值发挥到极致。具体策略有：

（1）提升宣传和推广力度：加大对农文旅融合项目的宣传力度，通过各种媒体渠道、社交媒体、旅游平台等进行广告宣传，吸引更多的游客关注和了解。

（2）优化旅游产品和体验：提供丰富多样、独特有吸引力的农文旅产品，注重游客的体验感受，增加游客的参与度和满意度。可以结合当地的文化特色、自然景观和农业活动等，打造独特的旅游体验。

（3）加强品牌建设：通过打造独特的品牌形象和文化内涵，塑造农文旅融合项目的独特性和品质感，提升品牌的知名度和美誉度，吸引更多的游客。

（4）联合推广和合作：与其他旅游景区、酒店、旅行社等进行合作，共同推广农文旅融合项目，通过联合推广、联合开展活动等方式，增加项目的曝光度和吸引力。

（5）创新营销手段：运用创新的营销手段，如举办特色活动、举办农文旅主题展览、开展线上线下互动等，吸引游客的注意力和参与度。

（6）提供便捷的交通和服务：为游客提供便利的交通方式和配套服务，如提供接送机服务、增加停车位、提供导览服务等，方便游客的出行和参观。

（7）发展精准营销策略：通过分析目标游客群体的特点和需求，制定精准的营销策略，有针对性地开展市场推广，提高吸引力和转化率。

影视作品在提高流量中的作用不可小觑。携程数据显示，自电视剧《繁花》开播至2024年1月5日，该平台中上海的搜索热度大增，"南京路步行街"周边酒店搜索热度环比大涨，特别是和平饭店旅游搜索热度环比暴涨，和平饭店中爷叔和宝总的同款套房更是引来诸多询问，很快订满。近年来，由于影视作品热播带来的旅游打卡风潮成为文旅行业发展的新趋势。由此可见，优秀影视剧给取景地带来的文旅增长效果愈发明显，各地文旅部门可以及时把握影视作品热播的契机，及时推出作品相关的文旅产品和旅游路线，助力当地文旅市场消费潜力的释放。

通过以上策略的综合应用，可以有助于增加农文旅融合项目的流量，吸引更多的游客来参观和体验。同时，也需要持续关注游客的反馈和需求，不断优化和改进项目，提供更好的旅游体验。

第二节 转化率

流量时代，在越来越多农文旅相关部门"卷"营销背后，也暴露出一些地方旅游发展缺乏顶层设计，创新乏力，患上了严重的"网红焦虑症"。农文旅市场普遍存在"旺丁不旺财"的现象，网红效应要转化为实际效益，还需各地更扎实地练好内功。促进文旅消费是系统工程，不单是某个部门一家之事，社会各方形成合力、久久为功，才能共同扛起农文旅经济的大旗。

一、转化率的含义

网络经济中的流量转化率是指用户进行了相应目标行动的访问次数与总访问次数的比率。简而言之，就是当访客访问网站的时候，把访客转化成网站常驻用户，也可以理解为访客到用户的转换。

流量转化率是衡量一个网站成熟度的核心指标，可以反映网站的用户体验、内容质量和营销策略等多方面因素。

在乡村旅游中，流量是吸引游客的初级阶段，而转化率则是将游客的兴趣转换为实际消费行为的关键。高转化率意味着能够更有效地将流量转换为收入，对乡村旅游盈利具有直接且深远的影响。本部分将分析转化率的重要性并提出提升转化率的具体措施。

二、转化率的重要性

转化率的提升在乡村旅游中意味着同等流量条件下能够产生更多的订单和收入。例如，如果乡村旅游网站的转化率从1%提升到2%，在流量不变的情况下，其收入将翻倍。这一增长不仅带来直接经济效益，而且还能通过提高每位游客的贡献度来提升整体的市场竞争力。

此外，转化率高的乡村旅游项目往往能更好地满足游客需求，这通常与优质的游客体验和高水平的客户服务相关联。随着游客满意度的提高，正面的口碑和复购率也将随之增加，进一步巩固项目的市场地位。

三、提高乡村农文旅融合项目的流量转化率的策略

（一）总体策略

要提高乡村农文旅融合项目的流量转化率，即将游客转换为实际的消费者或顾客，可以考虑以下几个策略：

1. 优化营销和推广策略

确保宣传和推广活动的针对性和精准性，通过有吸引力的内容、独特的卖点和优惠促销等手段吸引潜在客户的兴趣和注意力。

2. 提供详细和准确的信息

在各种渠道和平台上提供详细和准确的项目信息，包括项目的特色、服务内容、价格、预订方式等，以便潜在客户作出明智的决策。

3. 改善游客体验

注重提升游客的体验感受，从预订到到达再到参观和离开的整个过程中，提供便利、舒适和个性化的服务，让游客感到满意并愿意推荐给他人。

4. 加强口碑营销

通过积极回应客户的反馈和评价，鼓励游客在社交媒体、旅游网站等平台上分享自己的好评和推荐，提高口碑和信任度，吸引更多潜在客户。

5. 提供增值服务

为游客提供额外的增值服务，如导游讲解、定制化行程安排、特色活动等，提高游客的满意度和体验价值以及转化率。

6. 建立合作伙伴关系

与相关的旅游机构、旅行社、酒店等建立合作伙伴关系，共同推广农

文旅融合项目，通过互相引流和合作活动提高流量的转化率。

7. 不断改进和创新

持续关注客户需求和市场变化，不断改进和创新农文旅融合项目，提高产品和服务的竞争力，以及游客的转化率。

通过以上策略的综合应用，可以提高乡村农文旅融合项目的流量转化率，实现更多客流的转化和消费。同时，也需要持续关注客户的反馈和需求，不断优化和改进项目，为游客提供更好的旅游体验。

（二）提升转化率的具体措施

为提高乡村旅游的转化率，旅游项目经营者需要从以下几个方面入手：

1. 界面与体验优化

乡村旅游网站或平台的用户界面应简洁直观，为游客提供顺畅的导航和快速响应的预订功能。网站上清晰的信息结构和高效的加载速度是确保用户不流失的前提。同时，应对移动设备进行优化，以适应移动端用户的预订习惯。

2. 个性化营销

通过大数据分析和用户行为追踪，为游客提供个性化的推荐和定制服务。例如，依据用户的搜索历史和预订记录，推送符合其偏好的乡村旅游产品和特惠信息，以提高针对性和吸引力。

3. 优质内容营销

提供丰富、翔实且吸引人的目的地信息和游记，可以大幅度提高游客的参与度和预订意愿。通过高质量的图像、视频及真实的游客评价来营造可信和有吸引力的品牌形象。

4. 信任与安全感营造

保障交易的安全性，如采用加密支付系统和明确的退订政策，以建立游客的信任。提供客服支持和实时咨询服务，解答游客疑问，提高预订转化的可能性。

5. 价格与价值匹配

确保乡村旅游产品价格与所提供服务的价值相匹配。通过市场调研合理定价，并提供不同价位的产品选择，满足不同消费层次的需求。

6. 提供增值服务

开发多样化的旅游产品和增值服务，如私家团、特色餐饮体验、手工艺品制作等，提高旅游体验的附加值，促进游客的购买决策。

7. 客户关系管理

通过建立会员制度、积分奖励和定期的互动活动来维护与既有客户的关系，提高客户的忠诚度和复购率。

通过实施上述策略，乡村旅游项目不仅能够有效提升转化率，还能够在提升游客满意度和品牌形象的同时，为乡村旅游市场带来长期的正面效应。

在提升转化率的同时，乡村旅游经营者也需注意维持价格与服务的匹配度。过高或不切实际的价格往往会抑制游客的预订意愿，而价格过低则可能导致服务品质无法保障，这都会对转化率产生负面影响。因此，均衡定价策略和提供高性价比的服务是提升转化率的重要保障。

（三）未来趋势与展望

游客越多，并不意味着产品销售越多。

农文旅融合做好"二产"，远不是简单的农产品深加工，也不是在农庄多卖点产品，而是一个完整的"体系"。

1. 无 IP 缺黏度

"地产地销"的场景，会让农场有一种信任背书，让顾客产生购买冲动。

现在很多农庄产品为什么不好卖？恰恰就是没有这份信任背书。看似什么产品都有，但哪种产品都跟农庄没有必然关系。在物质"过剩"年代，主题 IP 就是生存的唯一依托。要选对"一产"主题。

2. 无会员难突破

靠"三产"引流，然后转化"二产"销售。这个逻辑对不对？

对，也不对。因为并不是所有的"三产"引流都有转化价值。比如中小学生研学团，尤其是父母不跟随的研学团队，几乎没有任何销售转化。即便是家长跟随的幼儿园团队，也最多是一次性消费。

真正能对"二产"持续销售有价值的，其实是"会员"。只有会员才能持续服务，才能产生情感连接，才有黏性，让他们可以不怕淡季。因此，建立会员体系很重要。

3. 无创意不旅游

一是好看。主要依托当地生态环境与产业资源优势，轻资产开展专业化、差异化、个性化的规划设计，形成体系化的景观服务产品。

二是特色。重点是挖掘当地生产、生活、生态源，轻资产嫁接项目地原味生态美景、产业文化，给人一种"原汁原味"的度假体验。

三是体验。重点是特色餐饮、主题民宿以及多元化的农文旅体验活动，给人一种低调"乡土"、乡食、乡韵、乡味的体验。

四是休闲。以"一个村庄+N个休闲体验项目"的产品组合，构建"1+N"的多元化乡村休闲旅游组合。

随着数字化技术的不断进步，乡村旅游的营销与服务方式将更加多样化和个性化。利用人工智能、虚拟现实和增强现实等新技术为游客提供沉浸式的预览体验，预计将成为提升转化率的新方向。此外，依托社交媒体平台的营销策略，如通过与网红、旅游博主合作的内容营销，也将是提升乡村旅游转化率的有效手段。

总的来说，提升转化率需要综合运用多种营销和服务策略，注重提供优质的用户体验，并借助先进技术。对于乡村旅游的经营者而言，持续关注市场变化、不断创新服务模式，以及建立长远的客户关系将是提升转化率的关键。

第三节 客单价

在乡村农文旅市场营销中，提高客单价对于提高效益具有多方面的重要意义。通过实施有效的策略,如提供优质的购物体验、个性化服务、高品质产品,避免同质化竞争,实现持续增长的业绩,并在竞争激烈的市场中取得优势地位。

一、客单价的含义

客单价,亦即每个顾客平均消费金额,是乡村旅游收益模型中的核心指标之一。理解和提高客单价对于乡村旅游业的盈利能力至关重要,它直接影响着企业的经营效率和财务稳健性。在竞争日益激烈的旅游市场中,只有通过有效提高客单价,乡村旅游经营者才能够提高利润率,为投入带来更大的回报。客单价的特征有以下4个方面。

1. 关联营销

影响客单价的一个重要因素是关联营销,即通过关联商品推荐等方式提高消费者的购买金额。关联营销的商品可以分为三种情况:第一种是相关联的商品,如茶具与茶叶;第二种是相似同类目的商品,如不同款式的电风扇、空调等;第三种是没有直接联系但购买人群多的商品,如通过从众心理吸引买家。

2. 交易环节

交易环节是指客户与店铺达成交易的过程。每个环节都有可能让客户发生交易,因此可以不断地优化这些交易环节,以吸引客户流量,提高店铺的成交额。

3. 复购率

复购率是指客户再次购买商品或服务的比例。在营收界,复购率也可以被视为留存率,它的重要性与新增用户获取成本相比不言而喻。维护老客户的成本通常低于获取新客户的成本,因此复购率是影响客单价的重要因素之一。

4. ARPU 和 ARPPU

在某些行业中,如游戏和直播平台,客单价并不是最重要的指标,取而代之的是 ARPU(平均每位用户收入)和 ARPPU(平均付费用户收入)。这些指标关注的是用户带来的直接价值,而不是平均成交价格。

总的来说,客单价反映了店铺的盈利能力,是店铺经营策略的重要参考指标。通过优化关联营销、交易环节和复购率等手段可以提高客单价,提升店铺的营收。

二、客单价对盈利的直接影响

客单价的提升可以直接导致总收入的增加。当一个旅游目的地或服务提供商能够通过增值服务或升级体验,促使顾客愿意支付更多时,其经营收入便能在不必增加顾客数的情况下得到增强。这种策略对于乡村旅游特别有效,因为这类目的地常常能够提供独特的个性化体验,这些体验往往能够吸引那些寻求高品质服务的游客。

在旅游业中,提高客单价有几个直接好处。首先,高客单价能够显著提高收益,甚至在面对游客数量波动时也能保持较稳定的收入水平。其次,客单价的增长通常伴随着成本的边际降低,因为很多增值服务的提供不会对成本结构产生太大的影响。最后,高客单价也是品牌价值的体现,能够吸引更多的高端游客,进而提升品牌知名度和市场份额。

三、提高乡村农文旅融合项目客单价的策略

(一) 提高客单价的总体策略

要提高乡村农文旅融合项目的客单价,可以考虑以下几个策略:

1. 丰富旅游产品和服务

提供高品质、多样化和独特的农文旅产品和服务,如特色农家乐、农田观光、农业体验活动等,满足不同游客的需求,提升游客的体验感和满意度。

2. 打造特色和高端品牌形象

通过提供独特的农业文化体验、高品质的环境和服务,打造特色和高端的品牌形象,提升游客对项目的认可度和价值感。

3. 提供定制化和个性化服务

根据游客的需求和偏好，为其提供个性化的服务和定制化的旅游体验，如私人订制的农村行程、定制化的农业体验活动等。这样可以提升游客的满意度和愿意支付的价值。

4. 开展高附加值的旅游活动

开展高附加值的旅游活动，如农业文化展览、艺术表演、主题研讨会等，吸引有一定消费能力和文化追求的游客，提高客单价。

5. 提供高品质的食宿体验

提供高品质的农家乐、农庄酒店等住宿选择，配以精心烹制的农产品美食，提供独特的农业餐饮体验，吸引追求高品质生活的游客，提高客单价。

6. 开发高附加值的农副产品

开发和销售高品质、独特的农副产品，如特色农产品、手工艺品等，通过产品销售的方式增加收入和提高客单价。

7. 拓展高端客户群体

通过市场调研和精准的市场定位，针对高端客户群体开展精准营销，提供符合其需求的高端旅游产品和服务，提高客单价。

通过以上策略的综合应用，可以有助于提高乡村农文旅融合项目的客单价，并增加收入和利润。同时，也需要注重提升服务质量和增加附加值，以满足高客单价游客的期望和需求。

（二）提高客单价的有效途径

提升客单价的策略应该集中在提高服务价值和游客体验上。以下是几种提高乡村旅游客单价的有效途径。

1. 增值服务的开发

通过增加如特色餐饮、独特的文化体验、私人导游、定制旅游计划等服务，旅游经营者可以提供比标准服务更加丰富的选项，从而满足游客的个性化需求。这些服务往往具有高附加值，能够显著提高游客的消费水平。

2. 产品和服务的细分

通过对旅游产品进行细分，如提供不同级别的住宿设施或旅游套餐，乡村旅游经营者能够覆盖更宽广的市场层级，同时也为游客提供了更多的选择。细分后的高端产品或服务能够吸引愿意为尊享服务支付更多的游客，因而提高了客单价。

3. 定价策略的优化

合理的定价策略不仅能够体现产品和服务的价值，也是管理和提升客单价的关键。乡村旅游经营者需要根据服务成本、竞争环境、目标市场和顾客价值感知来设定价格。此外，采用动态定价策略，如根据旅游淡旺季调整价格，同样能有效提高客单价。

4. 个性化营销和销售

通过利用顾客数据分析和个性化营销策略，乡村旅游经营者可以为每位游客提供量身定制的服务。这种策略不仅能提高顾客满意度，也能刺激更高的消费。例如，向有特定爱好的游客推荐相关的特色活动或产品，能够促使他们支付更高的费用以获得独特的体验。

5. 利用技术提升体验

借助虚拟现实、增强现实等技术，乡村旅游经营者可以提供独一无二的预体验服务，吸引游客进行现场体验。同时，利用移动应用等技术手段为游客提供便捷的服务预订和信息查询，也可以提升游客的体验，从而提高他们的消费意愿。

（三）客单价提升的长期效应

客单价的提升不仅能够在短期内增加收益，也对乡村旅游经营的长期发展产生正面影响。高客单价意味着可以投入更多资源于服务质量和顾客体验的提升上，这将带来更好的顾客满意度和口碑。长此以往，可以形成良好的品牌效应和忠诚度，为乡村旅游经营者在竞争激烈的市场中提供了更强的竞争力和更高的市场份额。

在乡村旅游业中，客单价是一个关键的盈利指标，其提升能直接反映在旅游经营者的收益上。通过实施有效的策略，如提供增值服务、采取合理的定价、实行个性化营销和利用现代技术，乡村旅游经营者能够显著提高客单价，从而提升整体的盈利能力。随着市场的不断变化和技术的发展，不断创新和优化客单价的策略将成为乡村旅游持续发展的关键所在。

综上所述，客单价在乡村旅游中的盈利模式中占据了不可忽视的重要地位。对于乡村旅游经营者而言，深刻理解客单价对盈利的直接贡献，并通过精心策划的提升方法来增加每位游客的消费，是实现可持续发展的关键。未来的竞争趋势表明，那些能够在提高客单价上取得突破的乡村旅游项目将更有可能赢得市场份额，成为行业中的佼佼者。

第四节 复购率

在农文旅品牌建设中，提高复购率是一项战略性的任务。通过实施有效的客户关系管理、提供卓越的产品和服务、创造个性化的购物体验等手段，可以培养忠实的客户群体，实现长期的业务增长，并在市场竞争中占据有利地位。高复购率不仅是品牌成功的体现，也是品牌可持续发展的关键因素之一。

一、复购率的含义

（一）复购率的定义

复购率是指消费者对某一产品或服务的重复购买次数，是衡量消费者对该产品或服务忠诚度的重要指标。复购率越高，表明消费者对该产品或服务的满意度和忠诚度越高，反之则越低。复购率，即顾客重复购买服务的频率，是衡量顾客忠诚度及商业成功的关键指标之一。在乡村旅游行业中，复购率的提升通常意味着较高的客户满意度，以及对于特定旅游目的地或服务的持续偏好。鉴于乡村旅游的特殊性质，提升复购率不仅有助于稳固既有顾客基础，还能带来口碑效应，从而吸引新顾客，进一步放大盈利能力。

(二) 复购率的特征

稳定性：复购率反映了消费者对产品或服务的长期忠诚度，通常具有相对稳定性。如果企业能够持续提供满足消费者需求的产品或服务，消费者的复购率会保持在一个相对稳定的水平。

差异性：不同产品或服务之间的复购率存在差异性，这取决于消费者对产品或服务的满意度、需求和消费习惯等因素。因此，不同产品或服务的复购率具有不同的特点和发展趋势。

可提升性：通过改进产品或服务质量、提升消费者满意度和忠诚度，可以有效提升客户复购率。企业可以通过提供更好的产品或服务、制定有吸引力的促销策略和加强客户关系管理等措施来提高复购率。

(三) 提高复购率与提高顾客忠诚度的关系

提高复购率是提高顾客忠诚度的重要手段之一。复购率的提升意味着消费者对产品或服务的满意度和忠诚度提高，从而增加了消费者对该产品或服务的信任和依赖。随着时间的推移，这种忠诚度会逐渐转化为消费者的口碑宣传和推荐，进而为企业带来更多的新客户和业务机会。

因此，提高复购率与提高顾客忠诚度是相辅相成的。企业应该注重提高产品质量和服务水平，加强与消费者的互动和沟通，制定有针对性的营销策略，以提高消费者的满意度和忠诚度，进而提升复购率。

二、复购率提升对盈利的积极效果

首先，复购率的提升对乡村旅游盈利有着直接和间接的正面影响。顾客的重复购买行为会降低营销和客户获取的成本，因为维护既有顾客的费用远低于吸引新顾客的投入。忠诚顾客往往愿意为高质量的服务支付更多，从而直接提升客单价和总体收入。

更重要的是，忠诚度高的顾客倾向于通过口碑传播他们的积极体验，这种非正式的推荐对于吸引新顾客极为有效。忠诚顾客的推荐可提高品牌的信誉和吸引力，从而增强市场竞争力。

另外，高复购率的顾客群体为乡村旅游经营者提供了稳定的收入来源，使其在面对市场波动时具有更好的抗风险能力。长期来看，稳健的复购率能够帮助乡村旅游项目维持持续盈利，支撑其可持续发展。

综上所述，在乡村旅游经营中，通过实施针对性的复购率提升策略，经营者不仅能够巩固并扩大既有的顾客基础，还能提高顾客的生命周期价值，最终实现盈利增长。这对于那些寻求在激烈竞争中保持优势、追求长期发展的乡村旅游项目来说，具有不可替代的战略意义。

三、提高乡村农文旅融合项目复购率的策略

（一）提高复购率的总体策略

要提高乡村农文旅融合项目的复购率和增加回头客，可以考虑以下几个策略：

1. 提供优质的服务和体验

确保每位游客都能够享受到优质的服务和独特的农文旅体验。注重细节，关注游客的需求，提供个性化的服务，并不断改进和优化旅游产品和体验。

2. 打造特色和独特体验

通过开展特色的农业活动、文化表演、手工艺制作等，创造独特的体验，让游客留下难忘的印象。这样可以增加游客的回忆和认同感，促使他们再次光顾。

3. 提供定制化服务和套餐

根据游客的需求和喜好，为其提供个性化的定制化服务和套餐，如私人订制的农村行程、定制化的农业体验活动等。这样可以满足游客的特殊需求，增加他们再次选择的意愿。

4. 实施会员制度和粉丝互动

建立会员制度，为常客提供特殊的优惠和福利，通过邮件、短信、社交媒体等渠道与游客保持互动和联系，提高他们的忠诚度和复购率。

5. 加强客户关系管理

建立和维护良好的客户关系，及时回应客户的反馈和投诉，提供周到的售后服务，通过关怀和关注，增强客户对项目的依赖感和忠诚度。

6. 举办回头客专属活动

定期举办针对回头客的专属活动，如回头客专享的特别体验、优惠券或折扣等，吸引他们再次光顾。

7. 与相关机构合作开展联合营销

与其他旅游景区、酒店、旅行社等进行合作，共同推广农文旅融合项目，通过联合推广、联合开展活动等方式，提高回头客的光顾率。

通过以上策略的综合应用，可以提高乡村农文旅融合项目的复购率并增加回头客的数量。同时，也需要持续关注客户的反馈和需求，不断优化和改进项目，提供更好的旅游体验，以保持客户的满意度和忠诚度。

（二）提升复购率的具体途径

1. 提供个性化服务

乡村旅游经营者可以通过深入了解顾客的偏好和需求，为他们提供个性化的服务和体验，从而提高顾客满意度，刺激其复购意愿。例如，为顾客推出定制化旅游路线，或在他们再次访问时，为其提供专属优惠和特别关照，都是非常有效的方法。

2. 建立会员或忠诚度计划

开展会员计划或积分奖励系统，能够激励顾客进行复购。会员可享受积分累计、优惠兑换、专享活动等权益，这些都是提高复购率的有力手段。此外，会员制度还为旅游经营者提供了收集顾客行为数据的机会，以便更好地理解顾客需求，不断优化服务。

3. 质量和服务的持续改进

保持和提升服务质量是确保顾客满意并愿意重复消费的基础。乡村旅游项目需要通过定期培训员工、升级设施、增强旅游吸引力等措施来确保服务品质。同时，对顾客反馈的问题及时响应和解决也是必不可少的环节。

4. 社群营销和互动

在社交媒体和社群平台上建立和维护活跃的社群对于增加顾客黏性、提高复购率极为重要。通过定期发布引人入胜的内容、举办在线或现场的互动活动，以及与顾客进行深入的沟通，能够让他们感受到社群的归属感，从而增强复购动力。

5. 后续服务和体验提升

在顾客完成旅游体验后，提供高质量的后续服务也能显著提升复购率。例如，发送感谢信、旅游回顾调查、满意度跟踪调研等，都能够增进顾客与乡村旅游经营者之间的联系。这种维护好的关系有利于促使顾客在未来重复选择该旅游服务。

6. 引入时间和季节性因素

针对不同的时间节点或节日，推出特别的活动或套餐，利用顾客的季节性消费习惯来提升复购率。例如，在春季可以推出赏花游，秋季则可以组织丰收节相关活动，以此吸引游客在不同时间反复访问。

第五节　如何协同优化流量、转化率、客单价和复购率

本节旨在将前面分析的盈利点综合起来，探讨如何协同优化流量、转化率、客单价和复购率。首先要厘清它们之间的关系，这些指标之间的关系对于制定有效的盈利策略至关重要。让我们深入分析它们之间的相互影响。

一、流量与转化率的关系

流量是农文旅融合中吸引用户的重要指标。更多的流量通常意味着更大的潜在客户基础。然而，流量的增加并不总是能直接导致转化率的提高。关键在于吸引符合目标用户特征的流量，这样才能提高转化率。

通过优化网站或应用的用户体验、提供吸引人的内容，以及简化购买或预订流程，可以提高转化率。因此，流量和转化率之间的平衡是关

键，要确保吸引的流量是有质量的，并且通过有效的转化策略将其转化为实际的交易或行为。

二、客单价与转化率的关系

客单价是指每个客户平均交易金额。在农文旅融合中，提高客单价可以通过推出高附加值的产品或服务、激励交叉销售等手段来实现。较高的客单价有助于弥补可能较低的转化率。

与转化率相似，提高客单价需要巧妙的定价策略和增值服务。例如，提供定制化的农业体验、文化活动或旅游套餐，以吸引客户愿意支付更高费用的高端市场。

三、复购率与客单价的关系

复购率衡量了客户的忠诚度和重复购买的倾向。较高的复购率通常与较高的客单价相关联，因为忠诚的客户更有可能购买更多或更昂贵的产品或服务。

提高复购率需要建立良好的客户关系、提供个性化的服务以及通过会员计划等方式激励客户再次购买。这有助于保持稳定的收入流，同时促使客户增加每次购买的数量或金额。

四、综合分析与策略制定

综合考虑流量、转化率、客单价和复购率，制定综合性的策略至关重要。例如，通过提升网站体验和推出有吸引力的农文旅融合产品，可以增加有质量的流量。随后，通过定价策略和增值服务提高客单价，最终通过良好的客户关系和激励措施提高复购率。

在制定策略时，及时监测和调整这些关键指标，以适应市场变化，是确保农文旅融合盈利的关键步骤。为了有效地优化乡村旅游项目的盈利能力，必须制定一套全面的策略，对流量、转化率、客单价和复购率等关键盈利点进行综合提升。这套策略需要综合考虑市场需求、客户行为、服务质量以及竞争环境等多个维度，通过精细化管理和持续创新来实现可持续盈利。以下为乡村旅游优化盈利点的策略措施：

（一）流量优化策略

1. 目标市场精准定位

根据目标客户群体的特性，如年龄、收入、旅游偏好等，精准定位乡村旅游的市场定位。对于不同的客户群体，设计符合其期待的旅游产品和营销方案，以提高市场渗透率和客源流量。

2. 多渠道营销推广

结合线上线下渠道，开展多元化的营销活动。通过社交媒体、旅游平台、OTA（在线旅游代理），以及当地政府和组织的支持，加强乡村旅游品牌的曝光率和吸引力，进而提高潜在顾客流量。

3. 与地方特色相结合的产品开发

发挥乡村旅游的地域优势，开发具有当地特色的旅游产品。利用自然资源、文化遗产、传统工艺等元素，丰富乡村旅游的内容和形式，以吸引更多游客。

要点：

（1）利用数字营销和社交媒体策略提高知名度，吸引潜在游客。

（2）加强与在线旅行社（OTA）的合作，拓宽销售渠道，增加曝光率。

（3）通过事件营销和主题活动创造亮点，以故事化的方式吸引游客。

（二）转化率提升策略

1. 优化用户体验

不断优化网站、App等预订渠道的用户体验，包括提高页面的加载速度、简化预订流程、提供透明的价格和政策信息等，以减少潜在顾客在预订过程中的退出率。

2. 增强互动和参与度

通过设置问卷调查、用户评论区、互动活动等方式，增加游客的参与度，收集反馈信息以提升服务质量，同时增强顾客的归属感和满意度，促使意向转化为实际行动。

3. 个性化营销

利用大数据和客户关系管理系统对顾客行为进行分析，实施个性化营销策略，通过推送个性化信息和优惠，提高目标顾客的转化概率。

要点：

（1）简化预订流程，提高网站和移动应用的用户体验。

（2）提供定制化和个性化服务，满足不同游客的需求，增强吸引力。

（3）强化安全和信任感，如通过提供透明的退订政策和真实的游客评价。

（三）客单价增长策略

1. 高价值产品包装

通过高价值的套餐或增值服务，如特色餐饮、民宿体验、手工艺制作等，提升乡村旅游的整体价值感，从而有理由收取更高的价格。

2. 交叉销售和向上销售

在顾客预订基础旅游产品时，推荐相关的附加服务或高级版本产品，如升级房型、特色游览等，以实现客单价的提升。

3. 建立价格分层

针对不同消费水平的顾客，提供多层次的服务和产品，实现价格差异化，满足不同需求的同时实现收入的最大化。

要点：

（1）丰富旅游产品和体验项目，开发高价值旅游套餐。

（2）加强与当地产业的融合，如农产品深加工、文化艺术品销售等。

（3）强调独特的地域特色，提升旅游体验的独特性和不可替代性。

（四）复购率提高策略

1. 长期客户关系培养

通过邮件营销、客户关怀活动等方式，与顾客保持长期互动，建立良好的客户关系，刺激顾客回头消费。

2. 优化售后服务

提供优质的售后服务，如满意度回访、问题及时解决等，保障顾客的利益，提升顾客的信任度和忠诚度。

3. 忠诚度奖励计划

设置忠诚度奖励计划，如积分制度、会员卡、VIP 服务等，以奖励复购行为，激发顾客的再次消费欲望。

要点：

（1）构建客户忠诚度计划，通过积分奖励、特别优惠等激励措施保持客户黏性。

（2）提供持续的客户服务和沟通，如定期发送行业资讯和个性化推荐。

（3）注重口碑营销，鼓励满意的游客分享体验，吸引他们的亲友团。

（五）未来研究的方向：以数据驱动决策

1. 多源数据融合

利用大数据技术融合不同来源的数据，如社交媒体数据、OTA 数据等，以获得更全面的市场洞察。

通过人工智能分析游客行为，更精确地预测市场趋势和游客偏好。

2. 长期盈利模型研究

探究乡村旅游目的地在不同生命周期阶段的盈利模型变化，为持续性发展提供策略支持。

研究乡村旅游的社会、环境盈利与经济盈利的平衡机制。

3. 国际比较研究

对国际上成功的乡村旅游模式进行比较分析，提取可适用于本土发展的成功要素。

考察全球化背景下的旅游消费趋势变化，为乡村旅游产品创新提供依据。

4. 策略实施的效果评估

开展实证研究，评估提出的策略在具体实施后的效果。

结合长期追踪数据，分析策略调整对盈利点优化的持续影响。

依托科学的数据分析，持续监控和评估上述策略的有效性。根据收集到的数据调整策略，以求实现最佳的盈利效果。

综合优化盈利点的策略要求乡村旅游经营者不仅要关注单一的指标提升，而且应通过全局视角和动态调整，实现不同盈利点之间的协同和增效。这需要对市场变化有敏锐的洞察力，对顾客需求有深入的理解，对营销策略有创新的思考，并在执行中不断优化和调整。通过这样的方式，乡村旅游不仅能提高短期的盈利，更能在激烈的市场竞争中实现可持续发展和长期盈利。

通过对乡村旅游盈利点的深入研究及提出的建议，我们期望能够促进乡村旅游行业的持续健康发展。未来的研究应更加注重数据的深度分析，以及创新策略在不同文化和经济背景下的适应性和有效性。通过综合多学科知识，构建更为全面和深入的乡村旅游盈利模型，从而助力乡村地区的经济振兴和可持续旅游发展。

第四章
农文旅融合发展模式

商业模式是基于对市场需求、消费者行为、产业链格局变迁、竞争对手战略以及自身资源等因素进行深入剖析和思考而形成的顶层路线设计。一个成功的商业模式可以帮助企业在竞争激烈的市场中获得长期优势。对于商业模式本身，不同机构、学者对商业模式有不同的定义和解读。笔者认为，商业模式是源自客户价值的企业长期盈利之道。而商业模式创新源自创造"与众大不同"的客户价值，通过独特的盈利方式颠覆行业传统规则。农文旅融合商业模式创新的目标可以用两句话来概括：自己可以复制自己，别人很难复制你。农文旅融合发展是当前实现乡村振兴和文旅产业发展的重要模式，近年来，农文旅融合模式呈现出多样化的发展趋势。然而，在实际操作过程中，仍需突破传统框架，探索更加创新和高效的发展模式。

第一节　农文旅融合的基本原则：四生融合

四生之生态。山水林田湖草沙系统——普遍联系、相互影响，彼此制约的，不可分割的整体。对"美"的极致追求，淡妆浓抹总相宜。

四生之生活。对"居"的多元创新。个性化是主要特征，体验式，休闲放松，按功能分，民宿体验型、自助体验型、度假休闲型、艺术体验型、农业体验型。

四生之生产。对"融"的泛文旅一体化，开发多元产品，布局综合业态。

四生之生命。从康养疗养到大健康、大康养，对"养"的从养身到养心再到养神：实现生命丰富度内向扩展。养身：保健、养生、休闲、旅游。养心：心理咨询、文化影视、度假休闲。养神：安神养神、宗教旅游、艺术鉴赏、禅修。

第二节　农文旅融合的大背景：一二三产融合

推进乡村产业振兴，必须把农村一二三产业融合发展作为根本途径，把农文旅作为融合的重点产业，把吸引新乡贤、年轻人回乡创业作为融合的强大动能。

农村产业融合发展是指以农业农村为基础，通过要素集聚、技术渗透和制度创新，延伸农业产业链，拓展农业多种功能，培育农村新型业态，形成农业与二三产业交叉融合的现代产业体系、惠农富农的利益联结机制、城乡一体化的农村发展新格局。

农业全产业链是农业研发、生产、加工、储运、销售、品牌、体验、消费、服务等环节和主体紧密关联、有效衔接、耦合配套、协同发展的有机整体。聚焦产业基础高级化、产业链现代化，推动一产往后延、二产两头连、三产走高端，补齐产业链短板，锻造产业链长板，促进全环节提升、全链条增值、全产业融合。

全产业链是中粮集团提出来的一种发展模式，是在中国居民食品消费升级、农产品产业升级、食品安全形势严峻的大背景下应运而生的。

全产业链是以消费者为导向，从产业链源头做起，经过种植与采购、贸易及物流、食品原料和饲料原料的加工、养殖屠宰、食品加工、分销及物流、品牌推广、食品销售等每一个环节，实现食品安全可追溯，形成安全、营养、健康的食品供应全过程。

全产业链模式是以"研、产、销"高度一体化经营理念为主导的商业模式，将传统的上游原材料供应、中游生产加工、下游的市场营销全部纳入主体高度掌控，也称之为"一条龙"经营模式。

一、实现一二三产深度融合的主要痛点

最大的痛点：没能形成产业链。

第一产业向后端延伸不够，第二产业向两端拓展不足，第三产业向高端开发滞后，利益联结机制不健全，小而散、小而低、小而弱问题突出，乡村产业转型升级任务艰巨。一二三产业融合发展还面临一些问题。

（一）一产与二三产业融合程度低

产业间互联互通性不强，产业链、价值链实现不充分，同质竞争、恶性竞争较多；工商企业与农民间无长期合同、缺乏忠诚度和信任度，农户难以更多分享二三产业利润；产业融合和专业化间"打架"，融合效益不高。

（二）新型农业经营组织发育迟缓

龙头企业、农民合作社等发展不平衡、发育不充分、带动力不强；家庭农场、专业大户规模偏小，参与融合能力不够。融合主体对资源禀赋、财政项目支持依附性强。

（三）技术要素扩散渗透力不强

表现在科技支撑体系不健全，科研投入较少，产学研对接不畅，创新主体模糊，资源配置不合理，技术熟化推广不足；农业从业者综合素质不高，经营理念消费导向不足，缺乏创新驱动意识，先进技术要素应用水平不高。

（四）融合发展外部环境尚待改善

产业融合政策体系不健全、配套服务相对落后。如农业补贴政策重生产轻销售、加工销售和功能开发领域补贴不足、新型业态扶持不够等；农村金融体制改革滞后、市场供给不足、服务体系不匹配；基础设施、人才培训、市场体系等融合基础建设滞后；政策法规亟待完善，监管主体分散，管理部门分割严重；社会化服务水平不高，农业生产性服务业发展滞后等。

二、实现一二三产深度融合的关键环节

促进农村一二三产业融合发展，应树立大食物观、大资源观、大农业

观相互匹配的"三大观",坚持产业兴农、质量兴农、绿色兴农,加快构建粮经饲统筹、农林牧渔并举、产加销贯通、农文旅融合的现代乡村产业体系,聚焦主业、聚集资源、聚合主体、聚力支撑、聚拢链条,实施乡村文旅深度融合工程,把农业建成现代化大产业。

实现一二三产业融合的关键环节包括:

(1) 创新驱动。一二三产融合的核心是科技创新,只有通过科技进步来推动产业结构调整和产品升级,才能实现一二三产深度融合。

(2) 人才交流。一二三产融合需要研发人员、企业家和管理人才之间的深度交流,共同解决技术问题,推进产品商业化。

(3) 知识产权保护。知识产权是科技成果转化的重要支撑,需要建立健全知识产权保护机制,促进科技成果深度转化。

(4) 融资支持。一二三产融合需要大量资金支持,政府应提供科技型小微企业融资保障,企业也要探索多元融资模式。

(5) 市场导向。一二三产融合产出的产品和服务,必须面向市场需求,解决实际问题,才能获得市场认可和应用。

(6) 政策奖励。政府需要出台相关政策,如税收优惠、招标支持等,鼓励科研机构与企业开展深度合作。

(7) 产学研平台。构建一二三产融合的产学研合作平台,促进各主体深入交流,共同参与科技成果转化。

总体上说,要坚持一产是基点,二产是重点,三产是亮点。

一产是基点,主要指做休闲农业一定要以农业为基础,做休闲农业和乡村旅游不能脱离农业;

二产是重点,就是说休闲农业要想赚钱还是要做加工产品,在产业链上做文章;

三产是亮点,就是休闲农业的休闲体验活动一定要做亮,吸引城里人来乡村消费,让城里人玩得开心,把开心带走,把钱留下。有产品、有活动、有体验。

很多人做休闲农业的投资顺序都是先生活、后生产、再生态的建设顺序，首先建设餐厅客房，再做农业生产，最后完善生态体系。这种做法是错误的，其结果是投资大、见效慢、效益差。休闲农业作为"三生"新业态的建设顺序应该是先生态、后生产、再生活。休闲农业要先将生态体系搞好了，生产做扎实了，至于生活体验的内容可根据主题来做，可根据人的能力来做，还可根据投资人的钱多少来做。

三、乡村一二三产融合的主要模式

乡村一二三产融合模式有很多，这里推荐两种分类方法。

（一）按照推进动力机制分

1. 产学研合作模式

优点：利用高校科研优势，促进技术研发和产业化。

缺点：转化效率较低，难形成规模效应。

2. 企业驱动模式

优点：以企业需求为导向，更易形成产业链。

缺点：技术研发能力较弱，依赖外部技术支持。

3. 政府引导模式

优点：政府有效统筹各主体，促进资源配置。

缺点：政府职能过重，效率可能不高。

4. 社会组织参与模式

优点：利用社会组织优势，促进信息流通。

缺点：组织能力和影响力不足，难形成规模。

5. 产学研合作基地模式

优点：集聚各主体资源，促进深度合作。

缺点：基地建设投入大，短期效果难显现。

6. 产业园模式

优点：整合相关产业，形成产业集群。

缺点：依赖政府支持较强，可持续性难保障。

(二) 按照主导产业分

1. 以一产为主导的"一二三"融合模式

以一产为主导的产业融合模式，往往以原产地的特色种、养殖为依托，打破传统农业产业界限，通过农产品加工、传统手工制作等第二产业的发展及产业服务，休闲服务在研发、生产、营销环节的介入，延伸产业链，推动一二三产融合发展，即由一产带动二产和三产发展，实现"特色种植业—加工—商贸服务业或服务体验（其中服务性体验除农产品外，还需要原产地的原生优质资源）"的全产业链融合发展。

另外，农产品（一产）与加工业（二产）的融合主要通过两个路径实现。一方面可以依托企业进驻，实现现代机械化精深加工和循环利用，通过产销研产业链的延伸推动与三产（产业服务）的融合；另一方面通过传统技术人才进行手工制作，形成非遗、特色饮食、手工艺品、旅游纪念品等特色多样产品，发展体验式消费，推动与三产（休闲服务）的融合。

基于农产品（一产）的基本生产功能，利用生态环境、自然风景区等原生优质资源，也可直接推动观光、科普、体验、度假等服务业的发展，通过农业生产功能的拓展实现一三产的融合。

2. 以二产加工为主导的一三产融合发展模式（"二三一"模式）

这里的二产不同于城镇化下以工业园区为主体的规模化、集约化发展的二产，而是依托农产品及特殊技艺的精深加工和手工制造。二产的发展，向上需要以一产为基础的原材料供给，向下需要配套性服务业（如仓储、运输、电商等）及支持性服务业（科技、信息、金融等），对于依托特殊材质、特殊工艺、特殊人才的手工业制造业来说，由于其独特的文化底蕴及价值，将实现与文创、旅游的高度融合，实现文化与技艺的传承。

3. 以三产为主导的"三二一"融合模式

（1）旅游引导的消费带动融合模式

旅游利用其聚集人气和促进消费的优势，通过旅游活动的开展、旅游购物的消费以及旅游服务的体验，形成以消费聚集为主导的一二三产融合模式。

由人流（尤其城市消费群体）的导入，形成对农副产品以及农产加工品的消费价值，进而带动产业的发展、品牌的形成以及农业的生态化与有机化升级，从而形成附加价值，产生利润，并由利润价值带动产业更大规模的发展，形成乡村可持续发展结构。由消费为主导的三产，带动一、二产的科技化、原产地化、小规模定制化发展，实现就地体验式消费，这一模式是三二一产业有效整合的路径，也是以市场为导向的科学途径。

（2）以科技手段带动的应用渗透型产业融合模式

科技作为推动产业发展的关键要素，其在产业促进和融合方面有着得天独厚的渗透优势。以科技应用带动的产业融合模式，往往是通过科技服务和科技应用转化来实现的。一方面，将种植、品种优化等技术应用到农业生产，能提高一产（农产品）的科技含量和新产品的研发，同时通过技术推广服务来提高农民的整体技术素质；另一方面，依托加工技术和先进设施的应用，能推动二产的标准化加工水平，并提高二产效率。充分发挥技术在一、二产中各环节的渗透、凝聚和组合作用，能促进产业综合价值逐步提升，模糊产业界限，推动三一二产业融合发展。

（3）以文化创意为核心的带动模式

该模式以种、养殖及农产品为基础，以文化创意为核心，通过文创农产品种植、农产品加工品的文创包装与加工，以及文创体验活动及节庆的导入，构建一二三产融合的发展模式。依托于丰富的农耕文化、多元化的市场消费，文化创意一方面可以提升产品的附加价值，重塑农业价值；另一方面可以拓展产业功能，衍生出一个休闲农业、主题农业、创意农业、民俗节庆、文创品牌等创新业态及产品。

（4）以电商物流为引领的服务带动模式

该模式主要以物流配送为核心，带动农产品的规模化生产、销售、服务以及加工企业的聚集和联动，构建完善的产业链体系，实现三产（服务业）带动一产和二产的融合发展。

电商物流服务往往需要借助云计算、互联网、O2O模式等科技手段，形成电子商务示范区、农产品直播基地等多个市场主体，并通过"政府+企业""龙头企业+农户""特产农产品+网络营销""电商助推脱贫"等多种模式，实现综合信息服务、产销一体化、商务智能、高效物流配送等综合性服务平台的建设，助推订单农业、精益生产，实现基于互联网及物流配送的一二三产业融合发展。

要关注：运输前的农产品保鲜处理。

总之，选择模式应结合实际情况，灵活组合各模式优势。

第三节 农文旅融合的载体：产村融合（村居乐）

产村融合指休闲农业和乡村文化旅游产业与村庄的空间布局、土地利用、耕地保护和永久农田设置、基础设施配套、公共服务配置等实现有机衔接。

（1）产村融合要实现村庄居住格局的转型升级。
（2）产村融合要实现村庄空间布局的转型升级。
（3）产村融合要实现乡村居住方式的转型升级。
（4）产村融合要实现乡村居住理念的转型升级。

针对"三农"存在的诸多问题（非农化、非粮化、老龄化、同质化等），必须在经营模式上创新、科技上创新、产品上创新、融合上创新，走差异化发展之路，真正激活每寸土地价值，让农业有脸面，让农民有尊严。

第四节 农文旅融合发展模式的选择：因地制宜

乡村旅游2.0版本：实现从乡村旅游到乡村旅居的转变，让游客重新认识、体验乡村生态、文化、生活方式之美，重塑乡村价值。

农文旅融合主要模式可归纳为以下几类：

（1）生态农业旅游模式：以生态农业为基础，结合农业生产的绿色、生态理念，打造生态体验和农业教育的综合性旅游项目。

（2）文化体验旅游模式：依托当地文化资源，发展如乡村文化节、民俗体验等，以文化传承与创新吸引游客。

（3）特色小镇旅游模式：结合乡村特色资源，打造集农业、文化、旅游于一体的特色小镇，形成独特的旅游品牌。

（4）农事体验旅游模式：让游客参与农事活动，通过亲身体验农村生活为其提供教育与娱乐价值。

（5）乡村民宿旅游模式：通过改造传统民居，提供具有地方特色的住宿体验，将乡村文化和田园风光结合。

尽管现有模式在一定程度上推动了农文旅融合发展，但仍存在创新不足、模式同质化、可持续发展机制不健全等问题。因此，提出以下路径创新想法：

（1）智慧农旅融合模式：借助现代信息技术，发展智慧农业与智慧旅游的融合，提供个性化、智能化服务，例如，通过大数据分析游客偏好，定制个性化旅游路线。

（2）全域旅游发展模式：突破传统景点旅游的局限，将旅游发展与整个地区的文化、历史、生态融合，推动全域性的连锁发展，形成更广泛的影响力。

（3）生态修复与旅游融合模式：将生态修复项目与旅游开发相结合，通过生态旅游增加居民收入，同时促进生态环境的修复与保护。

（4）创意农业和文化艺术融合模式：结合当地文化与艺术资源，发展创意农业，如艺术农场、文化工坊等，以文化艺术创意吸引游客，提升农产品附加值。

（5）农文旅综合体模式：构建农业、文化、旅游多元融合的综合体，打破行业壁垒，推动资源共享，实现产业链条的有机衔接和价值最大化。

另外，也可以从"农业+"的角度，提出农文旅融合发展的模式主要有以下几种：

（1）农业+文化创意旅游：将农业资源与文化创意相结合，开展具有特色和创意的农业旅游项目。优点是能够提供丰富的体验和互动，增加游客的参与度和满意度；缺点是需要有创意和设计能力，对农业资源的保护和利用也需要合理规划。实践案例有中国的茶园文化旅游、农家书屋等。

（2）农业+文化遗产旅游：将农业景观与文化遗产相结合，打造具有历史和文化内涵的旅游产品。优点是能够保护和传承文化遗产，提升地区的历史和文化价值。缺点是需要保护好文化遗产，避免对环境造成破坏。实践案例有中国的古村落旅游、农耕文化遗产保护区等。

（3）农业+乡村旅游：将农业活动与乡村风貌相结合，提供乡村度假和休闲体验。优点是能够提供自然环境和农村风情，满足城市居民的休闲需求，带动乡村经济发展。缺点是需要解决农村基础设施和服务的问题。实践案例有中国的农家乐、农田观光等。

（4）农业+生态旅游：将农业生态资源与旅游相结合，提供生态环境保护和体验。优点是能够保护生态环境，提供绿色、健康的旅游产品；缺点是需要合理规划和管理农业生态资源，避免过度开发。实践案例有中国的农庄生态旅游、农田生态公园等。

每种模式都有其独特的优点和挑战，根据地区的资源和需求，可以选择适合的模式进行发展。同时，各种模式也可以相互结合，形成更多元化的农文旅融合发展模式。

在选择发展模式时应理性评估自身发展的基础条件：

（1）有产业基础：自身特色

作物：大地生长的美景

劳作：生产性场景与景观

（2）有资源条件：核心元素

自然：大自然给的山水

人文：老祖宗留的遗产

风情：老百姓奔的生活

（3）有发展意愿：内生动力

发展意愿、利益相关者的共识

（4）无制约因素：不利条件

地理、地质、生态、环保、土地、交通、政策……

第五节 农文旅融合的落地：未来乡村共富运营模式

实施乡村振兴战略是实现农村农民共同富裕大方略，高质量乡村振兴是推进共同富裕最重要的战略举措，以城乡融合发展促乡村高质量振兴是推动共同富裕最有效的路径，农民农村共同富裕是共同富裕示范区建设的重中之重。未来乡村建设是共同富裕基本单元之一。

一、乡村运营

乡村振兴正从过去传统的建设时代进入到运营时代。通过持续不断的迭代升级，乡村已经完成了将资源逐步开发，并沉淀为乡村资产的过程，已具备了很好的硬件条件。但美中仍有不足：一是同质化开发，千村一面；二是以政府财政投入为主，产业缺少人才，有输血无造血；三是没有把美丽风景转化为美丽经济。而要解决上述这些问题，必须借助乡村运营。

乡村运营，顾名思义，即对乡村进行市场化运营，通过与爱乡村、会策划、懂营销的乡村运营师团队开展合作，将乡村资源优势、生态优势转化为经济优势、发展优势。具体来说，就是在乡村建设基础上，导入轻资产的运营公司，从自我盈利角度出发，多元化方式盘活农村资产，提高资产收益率，促进乡村的可持续发展；深度挖掘村庄一切可利用资源，将其转化为产品，实现差异化发展；同时剥离一些不规范的操作，开拓村民思维，引导村民引动，带领村民致富，一起走向共同富裕。

乡村运营是乡村振兴最重要的事，也是未来中国最重要的事之一。通过有效运营，可以使乡村资源多、生态优、人文好，变成农业强、农村美、农民富。我们讲乡村运营概念，是有组织化、系统化的运营，引入市场化主体进入乡村，把乡村存量资源利用市场化的整合手段，进行整村性系统化多维度的运营，深度挖掘乡村 DNA，达到乡村旅游和乡村振兴。

乡村运营思维，包括市场化思维、关联度思维、系统化思维、中医疗法思维、非投资思维等。乡村运营是一个新生事物，是一项系统化的工程，并非一蹴而就的单一的工作需要，我们应以运营的思维、改革的方式去推进。

未来乡村是浙江省温州市率先提出来实施的，后来浙江省级层面出台未来乡村政策，指的是以人本化、生态化、数字化为建设方向，以原乡人、归乡人、新乡人为建设主体，以造场景、造邻里、造产业为建设途径，以有人来、有活干、有钱赚为建设定位，以乡土味、乡亲味、乡愁味为建设特色，本着缺什么补什么、需要什么建什么的原则，打造未来产业、风貌、文化、邻里、健康、低碳、交通、智慧、治理等场景，集成"美丽乡村+数字乡村+共富乡村+人文乡村+善治乡村"建设，着力构建引领数字生活体验、呈现未来元素、彰显江南韵味的乡村新社区。未来乡村是推进共同富裕的重要单元。

推进农文旅产业融合发展的核心，是完善惠农、富农的利益联结机制，让农民真正分享产业链延伸、产业功能拓展的好处，也就是促进农民增收，助推共同富裕。从美丽乡村向美丽经济、从行政力量向市场力量、从零碎化向整村化、从单打一向组合拳、从短平快向可持续的一系列转变，形成政府、市场、企业、村集体和农户的利益共同体、命运共同体、发展共同体，实现共建共创共生共荣共享共治，这是乡村振兴共同富裕的题中应有之义，也是千万工程向共同富裕大场景下的乡村振兴尤其是产业振兴迭代升级的重大课题和现实需求，具有普遍的启示和借鉴意义。

运营改变乡村。乡村运营急需一批职业经理人，才能更好地把城市资源带到乡村，从而更快推动乡村振兴。为什么把这项本该市场完成的重任也列为政府该做的事情呢？因为乡村运营商的发现、挖掘、培育、顶层设计、考核、奖励都需要政府部门完成，单凭市场发育会很慢，只能靠政府部门推动。

2021 年，杭州市临安区出台了全国首个乡村运营地方标准，对乡村运营的基本定义、乡村运营师的基本要求等都作了详细规范。特别是其中的六条基本原则：

（1）市场导向应坚持以乡村运营商为主体，以市场需求为导向，合理配置乡村内外部资源，按照市场化运营方式，政府和主管部门提供支持和指导，实现乡村运营持续、健康发展。

（2）系统思维应坚持系统化运营理念，合理配置乡村投资和运营业态，注重产业融合、文旅融合、生态融合发展。

（3）文化凸显应坚持因地制宜，应用在地文化赋能，充分体现乡村特点，顺应乡村文化肌理，发展有历史记忆、地域特色、旅游品质的乡村业态产品。

（4）生态优先应坚持生态优先、合理开发和利用生态资源，保留乡貌、乡风、乡味、乡情和乡愁，把绿色发展理念贯穿乡村运营全过程。

（5）内生发展应坚持促进科技进乡村、资金进乡村，青年回农村、乡贤回农村的"两进两回"，注重培育乡村造血功能，充分发挥农民主体作用，带动村民增收致富。

（6）尊重村民应尊重村民利益和发展意愿，注重与村民、乡贤、返乡青年结成产业链条，兼顾运营商、村集体与村民三者利益，实现利益共享、合作共赢。

未来乡村推进过程中，在选择农文旅融合模式时，应以"人为核心"，坚持运营前置项目策划。要思考好市场、空间、运营的主要元素及其相互关系，切忌项目建成以后再去思考。

1. 市场

（1）人——为谁而建？

（2）他们需要什么——产品及组合。

（3）人与产品与空间的关系。

2. 空间

（1）谁来消费？

（2）人怎么来？

（3）引流项目。

（4）赚钱项目。

（5）项目之间的关系。

（6）运管体系与团队配置。

3. 运营

（1）谁来投资建设？（政、村、企？）

（2）谁来运营？（政、村、企？）

（3）人为什么来？来干什么？怎么留下来？

4. 问题

数字化背景下乡村振兴整村运营的痛点、难点和堵点：

（1）乡村振兴整村运营的痛点：青年缺位。

（2）乡村振兴整村运营的难点：数字化不深。

（3）乡村振兴整村运营的堵点：产业不兴。

乡村要振兴，青年需先行。青年在乡村振兴战略发展中要发挥"蓄水池"作用，要让手机成为"新农具"，让直播成为"新农事"，让流量成为"新农资"。

二、未来乡村农文旅融合共富运营模式

（一）组团式合力推进

现在分散作战比较多，重复投资建设也比较多，不仅浪费了精力，而且容易导致资金的低效、无效使用。要积极响应农业农村部等九部门部署开展"我的家乡我建设"活动，组团式合力推进乡村振兴战略，实行多部门、多单位、多功能、多类别人才乡贤等，捆绑在一起进行造血式重点帮扶。以上模式可以相互结合，形成多元运营新模式，实现乡村共同富裕。

（二）攻坚式各个击破

要对标对表"八八战略"和"千万工程"要求，梳理出自身难以完成、需要重点帮助的村庄，开展更加有针对性的工作，进行输血型帮困。

制订工作计划，逐个排除"破局出圈"，使帮扶工作更加富有成效。特别是要实行场所、物业、设施的景区化改造，把绿道、水道、河道、茶道、香道、花道、古道、游步道等连接成网，成为美丽画卷、文旅景区、振兴长廊、致富捷径，通向共同富裕的康庄大道。

（三）联盟式共建共享

乡村振兴关键在于村民自觉和乡村组织自觉，"有效市场需匹配有为政府与有力主体"。各级党委和政府要牵线搭桥，依托商协会、民主党派、民营企业，通过产业链、供应链、创新链、消费链、资金链、人才链、服务链、组织链等连接形成"共富联盟"，实行产供销一条龙、教科文一体化、服务链一站式，同时，发展一些"头雁"，形成一批"雁阵"。

（四）带状式共富联合

以温州市为例，可学习杭州大下姜村"联合组建"模式，打造八百里瓯江（龙泉、丽水、青田、温州）、三百里楠溪江（永嘉）、四百里飞云江（瑞平文泰）、二百里鳌江（平苍龙）流域等"共富联合体"，如构建雁荡山爱情故事、动漫小马过河应用场景、刘伯温故里、谢灵运楠溪故里、红十三军纪念园、中共浙江省一大会址等带状式的"共富示范带"，建设成为文旅景观带、特色产业带、百姓致富带。

（五）整村式专业运营

引入专业运营团队，或培养专业运营官，或借助乡镇（街道）强村公司，进行授权或委托管理。利用物业出租、资产盘活、产业策划、文创设计、品牌营销等方式方法，开展村级招商，发展村级实体，壮大村级集体，抓好"未来艺术小村""候鸟飞地经济""城乡两栖企业""小挣Z时代青年""共富微工厂"等建设，增加村集体和村民财源性、财富性、财产性的收入。比如，温州市鹿城区山福镇，可以考虑整镇运营，打造中非合作产业园。

（六）乡村共富小院模式

2023年12月28日，全国高职院校首个乡村共富小院在温州科技职业学院成立，并发布青春助力乡村共富小院系列活动。此次成立的乡村共富小院按照"政府领导、基地配合、院校实施、师生常驻、多方支持"的创新发展模式，秉持"资源共享、合作共赢"的原则，打造集农业科技创新、示范推广和人才培养于一体的农业科技服务平台。此举将农民生产经营实践难题转化为教师课题、学生作业任务，推动科技成果加快转化为农民可用的技术，实现职业教育与生产实践紧密结合、与社会需求紧密结合、与"三农"发展紧密结合。新时代，农村是充满希望的田野，是干事创业的广阔舞台。乡村共富小院虽小，却能做出新青年助力乡村共富的大文章。学院以乡村共富小院建设和发展为契机，组织开展多个乡村振兴实践专项行动及大学生暑期乡村实践团，号召广大青年学子助力乡村产业发展、乡村基层治理、乡村公共服务等方面，成效显著。温州科技职业学院作为全国乡村振兴人才培养优质校，将依托温州乡村运营学院、温州市共同富裕研究中心、乡村共富小院等平台，不断探索农业领域高层次应用型人才培养新模式，培养农业青年产业人才、农村青年治理人才、农业农村服务人才，做大青年人才蓄水池，为乡村振兴注入青春新动能。

第五章
农文旅融合发展路径创新

农文旅融合是将农业、文化和旅游资源进行有机结合，形成"农业+文化+旅游"的一体化发展模式。其有以下特点：

资源互补。农业提供原料和生态环境，文化提供精神内涵，旅游提供消费需求。

产业互促。农业产品加工与文化展示促进旅游消费，旅游业带动农业与文化产业发展。

效益互增。农业产值增加，文化传承与创新，旅游收入扩大，形成互惠互利。

为什么那么多乡村旅游不火？

一是主题不鲜明，项目没有特色，缺少一个让游客来你这里消费的理由。

二是主要用传统旅游思维做乡村旅游，多数是以看为主的观光产品，如山水观光、展馆观光、文化表演观光、花海观光、设施农业观光、人造景观观光。项目收门票没有人来，不收门票又找不到盈利模式。

三是缺乏轻资产经营理念。项目还是以资产性和投资性项目为主，有餐厅、民宿、棋牌、卡拉OK，缺少游客到乡里来能参与、能收费又开心的农事活动体验、农民生活体验、乡村文化体验旅游产品。

四是不会运营，主要表现在没有专业团队，引不进游客，好不容易引进的游客也留不住，变不了现，更谈不上有回头客。

要解决上述问题，必须推进农文旅融合发展，并实现路径创新。

第一节　创新实践要遵循基本逻辑

从我们的分析可以看出，农文旅融合发展面临最重要的问题之一，就是要克服产品雷同、缺少差异的现状，不断创新是农文旅融合创新的基本逻辑，逻辑起点是看：是否有新的元素、新的观念融入？是否实现了价值的增加？是否有实现的可能性？

乡村价值重新审视与重塑：生产价值、生态价值、生活价值、文化价值。

农文旅融合创新的基本路径主要是做好产品创新、场景创新、模式创新、品牌创新四个层面工作。

1. 产品创新

要以创意策划为核心动力。

（1）要素创新、坚持初心、塑造品牌

增加采摘时间、增加花色品种、增加营养功能、提升技术水平、提升食味口感……

（2）形态创新、形成特色、锁定客群

加教育研学、加健康养生、加文化艺术、加贸易流通、加休闲体验、加天文航天……

（3）体验创新、深度体验、增加黏性

增加深度、拓宽广度、改变角度……

2. 场景创新

好的场景，更能让消费者沉浸其中。

场景感知—激发情感—增加黏性

构建要素：

主题、氛围、情节、互动、效果、环境、过程、体验

场景类别：

从形式上分：自然场景、人文场景、生产场景……

从功能上分：体验场景、社交场景、购买场景……

休闲旅游场景思维的6个基本逻辑：

（1）休闲性逻辑：休闲旅游已开启场景模式；

（2）生活性逻辑：场景已成休闲核心吸引力；

（3）原生性逻辑：场景原本是人类生活常态；

（4）体验性逻辑：大休闲泛场景化消费体验；

（5）文化性逻辑：场景是活态化的人文风景；

（6）情境性逻辑：场景体验终究要回归生活。

3. 模式创新

传统　　　创新探索

自我发展　共建共享式发展，结合村庄可利用土地、结合消费者可利用资源；

坐商服务　主动延伸式发展，融入居民社区、延伸商圈服务、拓展参与领域；

业态融合　多元组合式发展，农业+多种产业、传统业态+新型业态。

4. 品牌创新

叙事性表达：要懂得如何通过讲好故事销售您的产品；

主题化呈现：要懂得如何通过鲜明符号强化产品知识；

情感式输出：要懂得如何通过激发情感增加客户黏性。

第二节　路径创新评估体系设计

为了科学评估路径创新的可行性和有效性，建立了一个综合评估体系，该体系包含以下维度。

市场需求分析：评估目标市场的需求量、消费者偏好及市场容量；

资源匹配分析：评估现有资源与创新路径是否匹配，资源是否能支撑新模式的实施；

效益评估：评估创新路径在经济、社会、文化和环境四个方面的综合效益；

风险评估：识别新模式的潜在风险和问题，如生态影响、文化同质化风险等；

可持续性分析：分析新模式的长远可行性，是否具有持久的吸引力和竞争力。

第三节 创新实施路径

乡村农文旅融合创新规划设计前必须优先考虑的三个问题：

第一是主题定位问题，主要有：一是产业主题，就是项目的产业特色、农业的发展方向。二是休闲主题，就是项目的客户目标市场，如定位于以小朋友为主的亲子活动、研学基地（萌宠乐园是标配），或是定位于以中青年为主的休闲度假，或是定位于以中老年人为主的健康养生。三是文化主题，主要有产业文化，如水稻文化、茶文化、渔文化等等，还有民族文化、红色文化、乡村民俗文化等等。

第二是经营模式定位问题，就是规划前，乡村休闲旅游项目主要采用什么经营方式的问题。乡村休闲旅游经营模式有：村集体经营模式、龙头企业带动模式、社会资本引进模式、能人带动模式、托管带动模式五种。

第三是规划设计理念问题，最重要的是两个：一是轻资产设计理念，就是所有景观设施等项目规划要优先考虑投入产出率，尽可能地利用原有资源条件进行创意设计，不挖山填坑，不大拆大建，因地制宜，能简则简；二是滚动开发理念，就是根据投资人的资金能力，要将投资省、来钱快的项目放在第一期，而将老板的情怀项目、人造景观项目、资金大见效慢的项目、配套完善的项目放在后期。

一、乡村农文旅融合创新要注重轻资产打造

轻资产不是不花钱、少花钱，而是"会花钱"。很多休闲农业与乡村旅游为什么会是重资产，难赚钱？主要原因是：赚钱的项目没有花钱做，不赚钱的项目钱花了一大堆。如水稻村庄做乡村旅游，围绕田园生活的体验项目没有花钱去做，而与水稻无关的旅游投资却花了大价钱。

轻资产就是跟主题无关的要尽量不花钱，但是关乎核心主题的要舍得花钱。轻资产做休闲农业与乡村旅游，它是一种精细化、专业化、主题

化、平台化的投资理念。违背这个理念，就有可能走弯路，造成不必要的损失与浪费。

二、乡村休闲旅游需拓展农业功能

乡村休闲旅游不是旅游+农业，而是农业+文化+旅游+教育+康养产业等融合发展形成的新型产业。发展乡村休闲旅游，除生产功能外，重点要拓展农业的四个功能，一是生态涵养功能，主要是利用农村清新空气、绿水青山、农业生产等发展绿色旅游，实现生态环境的增收；二是休闲体验功能，主要是创意设计、乡村生活体验、农事活动体验等实现生产生活体验活动的增收；三是科普教育功能，重点是通过建设农业科普基地、学农基地等实现农业教育的增收；四是文化传承功能，主要是通过挖掘传承乡村文化、提供文化旅游产品、举办乡村节庆活动等实现乡村文化服务增收。拓展农业功能，凸显乡村的经济、生态、社会和文化价值实现，由过去农业只卖一次农产品，变为卖环境、卖生产、卖生活、卖知识、卖文化，最后才卖农产品的"六卖"增收，从而带动农民增收和促进乡村的全面振兴。

三、用产业主题定位乡村休闲旅游

乡村休闲旅游可以产业特色作为主题定位，其方法是：主要利用现代农业技术，结合当地生产条件、生产习惯、产业基础、特色品种以及市场需求等开发具有较高休闲旅游价值的乡村旅游产业特色。一是种植主题，利用现代农业栽培技术，如立体农业、循环农业、智慧农业，向游客展示农业生产过程和农业成果，开展观光采摘、农事体验、科普教育等休闲旅游活动。二是养殖主题，主要建立以养殖业为核心内容的乡村休闲旅游产业，如特色家禽养殖、休闲牧场、萌宠乐园等。三是林业主题，主要是依托当地人工林场、天然林地、经济林等，为游客提供观光露营、森林浴、避暑、康疗、科普、探险、狩猎等乡村休闲旅游活动。四是水产主题，主要利用水库、池塘、湖泊、河流、滩头等水体资源，开展垂钓、捕捞、划船、织网、食水鲜等活动，还可以观察珍稀独特的水生动物，学习养殖技术。五是其他主题。如具有地方特色的乡村工业、农产品加工和手工业等，进行乡村休闲旅游项目开发，游客可观赏生产过程，学习制作工艺，参与家庭加工，如制酒、预制菜等。

四、用文化主题定位乡村休闲旅游

乡村休闲旅游可结合当地的文化资源条件，以充分挖掘当地文化特色作为主题定位，主要有：一是特色村落文化主题，主要是以古城镇、新乡村建设为主题开发乡村休闲旅游，如古村落、古宅院、民族村寨、时代新村等文化主题；二是乡村民俗风情主题，主要是以农村风土人情为主，重点突出农耕文化、乡土文化和民俗文化特色，开展乡村休闲旅游，它包括：农耕文化，如农耕技艺、农耕用具、农耕节气、农产品加工活动等；民俗文化：如居住民俗、服饰民俗、美食民俗、婚庆民俗、礼仪民俗、游艺民俗等；乡土文化：如民族歌舞、民间记忆、民间戏曲、民间表演等；民族文化：如民族风俗、民族习惯、民族村落、民族歌舞、民族节日、民族宗教等。

五、5个解决同质化着力点

一是准确定位锁定客户需求。精准确定农庄的目标客户，如亲子家庭、青年人、中老年人、中小学生等，在产品设计时从园区的景观、农庄的名称、DIY活动、农产品加工，甚至品牌打造等，都要围绕目标客户的标志符号去进行。二是创造消费场景来制造冲动消费。主要根据客户进农庄以后的主要动线找准客人停留的节点，进行经营项目设置。比如，生鲜农产品超市必须建立在停车场的边上，草坪边上最好搞一个售货店，旅游节庆活动边上最好办一个集贸市场。三是围绕主题设计休闲点的活动。如亲子儿童乐园就要准备沙滩、滑滑梯、秋千、破旧轮胎等道具，设计许多有知识性、趣味性的手工活动；做研学基地就要设置研学课程与动手实践活动。四是通过主动销售的方式来平衡农庄忙闲不均的问题。如组织一些适合工作日消费的企业团队拓展活动、文艺活动、体育竞技活动等，为周边公司、单位、学校、家庭等提供外卖服务来增加收入。五是着力开发特色农产品来实现农庄的经营增效。重点是围绕农产品生产开展农产加工，做长产业链，实现一二三产融合发展。

乡村农文旅融合品质提升路径：

产区变景区，卖景色；

产品变礼品，卖礼品；

劳动变运动，卖过程。

1. 突出特色化：开发特色资源、开发特色文化、开发特色产品。
2. 突出差异化：把握定位差异、瞄准市场差异、彰显功能差异。
3. 突出多样化：推进业态多样、推进模式多样、推进主体多样。
4. 服务水平提升：健全标准体系、完善配套设施、规范管理服务。
5. 农村活化：人的活化、资源活化、文化活化。

一座城市能令远在千里之外的人心生向往，离不开有效营销。互联网时代，营销有两大"独门武功"：一是制造网络热点话题，增加曝光度，实现裂变式传播，这也是许多行业拓展市场、提高知名度、创新营销模式的重要抓手。二是靠短视频、直播赋能，"跟着视频去旅行"已经成为旅游宣传营销的利器。打造城市名片，需要精准定位，量体裁衣，切莫贪大求全。人无我有，人有我优，才是激发游客"奔赴欲"的最大动力。哈尔滨走红不只是网络营销给力，自身家底也相当厚实。它有40年的冰雪活动经历，还有打破吉尼斯世界纪录的冰雪大世界，这些独特优势其他城市很难"抄作业"。再如，"只有河南 戏剧幻城"是我国首座全景式沉浸式戏剧主题公园，一经亮相便抓住了大众眼球，2021年6月首演，2023年就实现了盈利。这启示我们，发展旅游经济，需要系统的城市定位和品牌策略，只有找准自身优势，锻造本地特色，传承优秀文化，才能实现可持续发展。实际上，乡村农文旅融合也可从中得到有益启示。

第四节　农文旅融合创新发展的基本依托

农文旅融合创新发展，正确的战略方向是决定其成败的关键。既要符合国家发展战略，又要符合消费升级的需要，其基本依托为和美乡村建设、品牌乡村建设和康养乡村建设。

一、和美乡村建设

从美丽乡村到和美乡村，一字之差，有哪些不同？

和美=和谐+美好。和美乡村是在美丽乡村基础上，以为农民而建、让农民幸福为出发点和落脚点，以突出乡风乡味、体现乡愁乡韵为建设特色，坚持系统推进、分类实施、质量优先、融合发展的原则，注重"人"的现代化、"物"的现代化、乡村治理体系与治理能力的现代化，以"和"的理念贯穿始终，对乡村价值进行再挖掘、再创造，实现产业和、生态和、文化和、治理和、社会和的乡村生产、生活、生态共同体。

和美乡村强调要逐步基本具备现代生活条件，创造更多农民就地就近就业机会，保持积极向上的文明风尚和安定祥和的社会环境，让城市和乡村各美其美、协调发展。

和美乡村着力塑造人心和善、和睦安宁的乡村精神风貌。我国自古以来崇尚"和"的理念，农业生产讲求得时之和、适地之宜，农村生活讲求人心和善、以和为贵，村落民居讲求顺应山水、和于四时。要把"和"的理念贯穿乡村建设始终，滋润人心、德化人心、凝聚人心，确保农村人心向善、稳定安宁。

绿色旅游是美丽中国建设的重要内容，也是优质旅游的内在要求。建设宜居宜业和美乡村在美丽中国建设中具有重大意义。

和美乡村建设是一个系统性的项目，需要从多个方面来解决问题。一些关键问题包括：

环境保护。需要重视乡村生态环境保护，防治水土流失，控制污染，保护自然景观等。

生态农业发展。推广绿色农业，发展有机农业，增加农业收入。

基础设施建设。如乡村公路、电力、通信等基础设施需要完善，方便乡村生产生活。

产业结构调整。鼓励发展乡村特色产业，如乡村旅游、农家乐等第二、第三产业，增加农民收入来源。

文化传承。保护和发扬乡土文化，如民间艺术、习俗等非物质文化遗产。

公共服务。如医疗、教育等基本公共服务要覆盖乡村，改善乡村人的生活质量。

人口流失问题。通过提高乡村发展水平和就业机会，吸引更多人回流乡村定居工作。

资金投入。需要政府和社会各界投入更多资金支持乡村建设。

以上都是和美乡村建设需要重点解决的一些关键问题。整体上需要采取系统性和多方位的方法来推进。

"和"在和美乡村建设中，应该从以下几个方面去落实：

和谐人与自然。重视环境保护，实现人与自然和谐共生。

和谐农业与产业。农业与第二、第三产业协调发展，形成产业结构合理。

和谐建设与保护。在乡村建设中兼顾保护，不破坏自然和文化景观。

和谐传统与创新。发挥传统文化作用的同时，鼓励创新发展。

和谐生产与生活。实现农业生产和乡村生活水平的协调。

和谐发展与公平。乡村内部区域和群体之间，实现发展机会和成果的公平分享。

和谐管理与参与。鼓励多方参与，协调各方关系，共同规划管理。

和谐人与人。重视社区互助与文化，促进村民和谐相处。

和谐传统与现代。传承乡风文化的同时吸收现代理念，实现有机结合。

和谐外来与本土。利用外部资源的同时，发挥乡土优势，形成内外兼容发展。

以上几个方面，都需要在和美乡村建设中进行体现和落实，才能实现真正意义上的"和"。

建设"十有"和美乡村，适应乡村农文旅融合运营需要：

先后有序、共享有量、团队有才、空间有度、功能有别、场景有趣、业态有谱、营销有力、游人有瘾、运营有赚。

二、品牌乡村建设

打造乡村农文旅融合的品牌，可以考虑以下7个策略：

（1）确定品牌定位和核心价值：明确乡村农文旅融合项目的独特卖点和核心价值，确定品牌的定位和目标受众。例如，品牌可以强调乡村自然环境、农业文化传承、旅游体验的独特性和可持续发展等方面。

（2）设计品牌标识和视觉形象：开发一个具有辨识度和吸引力的品牌标识和视觉形象，包括logo、配色方案、字体等。这些元素应与品牌的特色和定位相匹配，以便在市场中脱颖而出。

（3）建立品牌故事和情感连接：通过讲述品牌故事，传达乡村农文旅融合项目的背后意义和独特之处，与受众建立情感连接。以真实的故事和体验吸引和留住潜在客户，并激发他们对品牌的兴趣和认同。

（4）提供优质的产品和服务：确保乡村农文旅融合项目提供高品质的产品和服务，满足客户的需求和期望。通过独特的农业体验、特色的农产品和文化活动等，为客户提供与众不同的旅游体验，树立品牌形象。

（5）强化品牌推广和营销：制定全面的品牌推广和营销策略，包括线上和线下渠道的整合。通过社交媒体、旅游网站、旅行社合作等方式，扩大品牌曝光度和知名度，吸引更多的目标受众。

（6）建立合作伙伴关系：与相关的旅游机构、酒店、旅行社等建立合作伙伴关系，共同推广乡村农文旅融合品牌。通过互相引流和合作活动，扩大品牌的影响力和市场份额。

（7）实施品牌管理和维护：建立品牌管理体系，确保品牌形象的一致性和稳定性。定期进行品牌评估和调研，了解受众的态度和反馈，及时调整和优化品牌策略。

通过以上策略的综合应用，可以打造出一个独特、有吸引力和有影响力的乡村农文旅融合品牌。同时，也需要持续关注市场变化和客户需求，不断优化和更新品牌策略，以保持品牌的活力和竞争力。

三、康养乡村建设

（一）康养乡村的价值

康养乡村作为新时代乡村振兴战略下的一种重要发展模式，具有多方面的价值和意义。

1. 康养乡村有助于推进健康中国建设

随着人们对健康生活方式的追求和对高品质生活的向往，乡村康养产业逐渐成为新的经济增长点。通过提供健康食品、健身休闲、医疗保健等服务，康养乡村能够满足城市居民对健康生活的需求，同时也有助于提升乡村经济的可持续发展。

2. 康养乡村可以为应对后疫情时代的挑战提供有效解决方案

后疫情时代，人们更加重视健康和安全，对健康生活的需求也更加迫切。康养乡村的发展可以满足人们对于健康、安全、舒适的生活环境的追求，同时也为城市居民提供了更加便捷的医疗保健服务。

3. 康养乡村还可以促进老龄化问题的解决

随着人口老龄化的加剧，养老问题成为社会关注的焦点。康养乡村的发展不仅可以为老年人提供更加舒适、健康的生活环境，还可以通过发展养老产业，提供多样化的养老服务，满足老年人的养老需求。

4. 康养乡村有助于推动乡村产业升级和转型

传统农业已经无法满足现代乡村的发展需求，需要发展新兴产业来推动乡村经济的发展。康养乡村的发展可以与农业、旅游业等产业相结合，形成具有特色的产业链和产业集群，促进乡村经济的多元化和可持续发展。

（二）康养乡村的实施要点

1. 规划先行，科学布局

在实施康养乡村的过程中，首先要进行科学合理的规划。规划应该以健康中国、后疫情、老龄化等时代背景为依托，结合当地的资源优势和市场需求，制订符合当地特色的康养乡村发展计划。同时，要注重生态环境保护，确保康养乡村的可持续发展。

2. 强化基础设施建设

基础设施建设是康养乡村发展的基础。要完善交通、通信、水电等方面的设施，提高乡村基础设施的水平和质量，为康养乡村的发展提供有力支撑。同时，要加强医疗保健、文化教育等方面的设施建设，提高服务水平，满足居民的生活需求。

3. 培育和引进优质资源

要注重培育和引进优质资源，包括医疗保健、健康管理、康复养生等方面的专业人才和技术。通过与高校、医疗机构等合作，建立人才培养和引进机制，提高康养乡村的人才素质和服务水平。同时，要积极引进先进的医疗技术和设备，提高乡村医疗保健服务的专业化水平。

4. 促进产业融合发展

康养乡村的发展要注重产业融合发展，将农业、旅游业、养老产业等有机结合起来，形成具有特色的产业链和产业集群。通过产业融合发展，可以充分发挥各产业的互补优势，提高产业的整体竞争力，推动康养乡村的可持续发展。

5. 加强市场营销和品牌建设

要注重市场营销和品牌建设，通过多种渠道宣传康养乡村的特色和优势，提高其知名度和美誉度。同时，要根据市场需求和消费者需求，为其提供个性化的服务和产品，增强市场竞争力。此外，要加强与周边城市的合作和交流，拓展市场份额，提高康养乡村的影响力和竞争力。

总之，康养乡村作为一种新兴的发展模式，具有广阔的市场前景和社会价值。通过科学规划、基础设施建设、优质资源培育和引进、产业融合发展、市场营销和品牌建设等方面的实施要点，可以有效推动康养乡村的发展，为健康中国、后疫情、老龄化等时代背景下的社会经济发展作出积极贡献。

（三）森林康养基地

考虑到浙江省"七山一水二分田"、温州市"七山二水一分田"的实际情况，发展森林康养基地尤为重要。

森林康养基地三要素是指森林环境、自然疗法和人文环境三个方面。具体来说，森林环境包括清新的空气、绿色的植被、宁静的环境等，这些都能够提供舒缓心灵和身体的效果。自然疗法是指通过森林中的自然元素，如阳光、风、水、土壤、植物等，来提供康养效果。这些自然元素可以刺激人的感官、缓解压力、改善睡眠、增强免疫力等。人文环境是指基地内的人文建筑、文化活动和服务设施等，这些能够提供更好的服务和体验，使人们在森林康养基地得到身心的放松和满足。森林康养基地三要素共同作用，为人们提供了一种全面的康养环境。

森林康养基地建设的新趋势包括个性化定制、科技融合和可持续发展。

个性化定制：越来越多的森林康养基地开始注重提供个性化的康养服务，根据客户的需求和健康状况提供定制化的康养方案，包括个性化的营养膳食、个性化的康复训练等。

科技融合：现代科技的应用正在逐渐融入森林康养基地的建设和服务中，包括智能健康监测设备、虚拟现实技术的运用、远程医疗服务等，以提升康养服务的质量和效果。

可持续发展：新趋势还包括对环境友好和可持续发展的重视，基地在建设和运营中注重生态保护、资源节约和环境友好，积极推动绿色发展理念。

迭代升级的方式包括不断优化服务内容和质量，引入先进的科技手段，加强与健康管理机构的合作，开展健康数据分析和个性化康养方案的研发，同时还需要注重基地的可持续性发展，通过节能减排、资源循环利用等方式实现绿色发展。

第五节　新乡贤与农创客

一、乡贤参与

随着中国城市化进程的加速，乡村发展逐渐成为社会关注的焦点。在乡村振兴战略的推动下，农文旅融合成为一种新的发展模式，旨在促进农村经济、文化、旅游等多方面的协同发展。在这一背景下，新乡贤作为乡村中的精英力量，其角色和作用日益凸显。

（一）新乡贤的重要意义

（1）引领乡村经济发展：新乡贤通常具备丰富的经济资源和人脉资源，能够为乡村引入外部投资，推动乡村经济的多元化发展。通过发展乡村旅游、文化产业等，可以有效提升农村经济收入，改善乡村经济结构。

（2）传承和弘扬乡村文化：新乡贤在乡村文化保护和传承方面具有重要地位。他们可以利用自身的影响力和资源，支持乡村文化活动的开展，弘扬乡村优秀传统文化，提升乡村文化的社会认知度。

（3）促进乡村社区建设：新乡贤的参与有助于加强乡村社区的凝聚力，推动社区内部的和谐共处。他们可以积极引导社区居民参与农文旅融合项目，提高居民的归属感和自豪感。

（4）提升乡村治理水平：新乡贤通常具备较高的教育水平和综合素质，能够为乡村治理注入新的活力。他们可以参与乡村决策，推动乡村治理的现代化，提升乡村治理的效率和水平。

（二）新乡贤参与农文旅融合发展的特点

（1）整体参与度提升：新乡贤作为拥有乡土情怀和社会资源的人士，积极参与乡村振兴事务，推动乡村发展。

（2）多元化参与方式：新乡贤以不同形式参与，包括资金投入、技术支持、项目合作、创业带动等，为乡村振兴贡献力量。

（3）知识技能传承：新乡贤传承乡村文化、技艺和智慧，帮助乡村保护和传承传统文化、技艺，促进乡村文化繁荣。

（4）创新驱动：新乡贤带来新的思维和创新理念，推动农村产业升级、农产品加工，促进农村经济发展。

（三）新乡贤参与农文旅融合发展存在的问题

（1）资源分配不均：新乡贤参与乡村振兴的程度和质量存在差异，一些地区和领域可能缺乏乡贤参与。

（2）知识技能传承不畅：新乡贤传承的乡村文化、技艺等不够系统化和持续化，传统文化的保护和发展面临挑战。

（3）创新合作机制不完善：新乡贤与当地政府、企业等合作的机制不够成熟，合作方式和机制需要进一步优化和完善。

（4）乡贤回流不足：一些新乡贤面临城市化的吸引力和发展机遇，乡村振兴需要吸引和留住更多的乡贤。

对于新乡贤参与农文旅融合发展的现状特点和存在的问题，应该通过加强政策支持、优化合作机制、提供更好的发展环境等方面进行改进和解决。

（四）新乡贤参与农文旅融合的有效路径

（1）建立健全激励机制：政府应制定相关政策，鼓励和支持新乡贤回乡创业或参与乡村振兴事业。例如，提供税收优惠、财政补贴等政策支持；为新乡贤提供培训和交流平台，提升其参与农文旅融合的能力和水平。

（2）搭建合作平台：政府、企业和社会组织可以共同搭建合作平台，促进新乡贤与当地政府、村民以及其他利益相关方的交流与合作。通过合作平台，各方可以共同策划和实施农文旅融合项目，实现资源共享、互利共赢。

（3）创新投融资模式：针对农文旅融合项目的投资需求，创新投融资模式，解决资金瓶颈问题。例如，通过引入社会资本、成立产业基金等方式，吸引更多资金投入；同时，鼓励新乡贤利用自身资源，为项目融资提供支持和保障。

(4) **强化品牌建设**：新乡贤应注重农文旅融合项目的品牌建设，提升项目的知名度和美誉度。通过打造特色品牌、提升服务质量等方式，吸引更多游客和投资者，促进项目的可持续发展。

(5) **加强人才培养与引进**：新乡贤应重视人才队伍建设，通过培养和引进高素质人才，提升项目团队的执行力和创新力。例如，与高校、研究机构等合作，开展人才培养项目；同时，积极引进外部优秀人才，为项目发展注入新的活力。

(6) **促进产业融合发展**：新乡贤应关注农文旅融合的多产业融合发展，推动农业、文化、旅游等产业的协同创新。例如，结合当地资源特色，发展特色农业、生态旅游等产业；同时，注重产业之间的互动与融合，提升产业的整体竞争力。

(7) **引导村民参与**：村民是农文旅融合项目的重要利益相关方，新乡贤应积极引导村民参与项目建设和运营。通过提供培训和就业机会、鼓励村民参与决策等方式，提高村民的参与度和满意度，实现项目发展的共赢。

(8) **强化宣传推广**：新乡贤应注重农文旅融合项目的宣传推广工作，提高项目的知名度和影响力。通过利用互联网、社交媒体等渠道，开展多元化的宣传推广活动；同时，与旅游景点、电影院等商家合作，共同参与活动和宣传，扩大项目的影响力。

(9) **完善法律法规体系**：政府应制定和完善相关法律法规，为新乡贤参与农文旅融合提供法律保障和支持。例如，出台相关政策法规，明确新乡贤的权利和义务；同时，加强法律法规的宣传和执行力度，保障项目的合法性和规范性。

(10) **建立合作机制**：政府、企业和社会组织应建立合作机制，共同推动农文旅融合的发展。通过加强沟通协调、资源共享等方式，形成合力；同时，注重合作机制的持续优化和创新发展，以适应不断变化的市场环境和发展需求。

综上所述,聚是一团火,散是满天星,"头雁"引领乡村振兴很重要。"与强者为伍,和智者同行"。新乡贤参与农文旅融合对于乡村经济发展、文化传承、社区建设以及治理水平提升等方面具有重要意义。为了有效发挥新乡贤的作用,需要建立健全激励机制、搭建合作平台、创新投融资模式、强化品牌建设等方面的工作。通过这些措施的实施,可以促进农文旅融合的可持续发展,实现乡村经济、文化、旅游等多方面的协同发展目标。同时,需要政府、企业和社会组织的共同努力和支持,建立合作机制、完善法律法规体系等方面的措施也需要得到落实和执行。只有这样才能真正发挥新乡贤的作用和价值,为乡村振兴事业注入新的活力和动力。

二、农创客

随着城市化进程的加速,乡村发展逐渐成为社会关注的焦点。农创客作为新兴力量,在乡村农文旅融合发展中发挥着不可替代的作用。以下将深入探讨农创客的重要意义、发挥的作用,以及参与农文旅融合的有效方式和路径。

（一）农创客的重要意义

农创客是指具有创新精神和创业能力的农业从业者,他们通常具备现代化的经营理念和科技知识,善于将创意转化为实际产品或服务。在乡村农文旅融合发展中,农创客的意义主要体现在以下几个方面:

（1）促进农村经济转型升级:农创客通过引入新技术、新业态和新模式,推动传统农业向现代农业转变,提高农业生产效率和附加值,助力农村经济转型升级。

（2）增加农民收入:农创客的发展带动了农业产业链的延伸,为农民提供了更多就业机会和增收渠道,从而增加农民收入,提高生活水平。

（3）传承和弘扬乡村文化:农创客在开展农业经营活动的同时,注重挖掘和传承乡村文化,保护乡土风情和文化遗产,使乡村文化得以发扬光大。

(4) 推动乡村旅游发展：农创客将农业资源与文化资源相结合，开发具有特色的乡村旅游项目，提升乡村旅游的吸引力和竞争力，促进乡村旅游业的繁荣。

(二) 农创客在农文旅融合发展中的作用

(1) 创新驱动：农创客是创新的重要力量，他们通过引入新技术、新模式和新业态，推动农业、文化和旅游的深度融合，为农文旅融合发展注入创新动力。

(2) 产业促进：农创客的发展促进了农业产业链的延伸和文化旅游产业的融合，提高了相关产业的附加值和竞争力，推动了产业的协同发展。

(3) 文化传承：农创客注重挖掘和保护乡村文化，将传统农业文化遗产与现代科技、创意相结合，推动乡村文化的传承和创新。

(4) 就业带动：农创客的发展为农民提供了更多的就业机会和创业平台，带动了农民的增收致富，促进了农村经济的繁荣和发展。

(5) 生态保护：农创客在发展过程中注重生态保护和可持续发展，通过绿色生产、环保技术等手段，推动乡村生态文明建设。

(三) 农创客参与农文旅融合的有效方式和路径

(1) 发掘地方特色资源：农创客应深入挖掘当地农业、文化和旅游资源，结合市场需求和消费者偏好，开发具有地方特色的产品和服务。通过发挥地方资源的优势，提高农文旅融合发展的竞争力和吸引力。

(2) 创新经营模式：农创客应积极探索新的经营模式，如共享经济、定制化服务等，以满足消费者个性化、多元化的需求。同时，应注重线上线下融合发展，提高品牌知名度和市场影响力。

(3) 跨界合作与整合资源：农创客应积极与其他产业领域合作，共享资源和经验，实现互利共赢。通过跨界合作，拓展业务范围和市场空间，提升自身竞争力。

(4) 培训与支持：政府和社会应加大对农创客的支持力度，为其提供政策优惠、资金扶持、技术指导等帮助。同时，开展有针对性的培训课程和创业辅导，以提高农创客的综合素质和创业能力。

（5）社区参与与共享发展：农创客应注重社区参与，与当地居民共享发展成果。通过开展培训、交流等活动，提高当地居民对农文旅融合发展的认识和参与度，形成良好的社区支持网络。

（6）可持续发展与生态保护：在推动农文旅融合发展的过程中，农创客应注重生态保护和可持续发展。采取绿色生产技术、环保措施等手段，减少对环境的负面影响。同时，倡导绿色消费理念，引导消费者关注生态环保问题。

（7）品牌建设与市场营销：农创客应注重品牌建设和市场营销工作，提升自身品牌知名度和美誉度。通过制定营销策略、开展宣传推广活动等手段，吸引更多目标客户群体，以提高市场份额和收益水平。

（8）产业链整合与优化：农创客应积极参与到农业、文化和旅游产业链的整合与优化中来，与其他相关企业合作共赢、共同发展。通过建立合作关系、共享资源等方式降低成本、提高效率、增强竞争力。

（9）政策与法规遵从：在开展经营活动过程中遵守相关法律法规和政策要求是每个企业必须履行的社会责任。农创客应了解并遵守相关政策法规要求，避免违法违规行为的发生，保障企业正常运营和发展。

（10）社会责任与担当：除了遵守相关法律法规外，农创客还应积极履行社会责任，关注社会公益事业，积极参与扶贫济困等公益活动，为社会发展树立良好的企业形象和社会声誉作出贡献。

综上所述，农文旅融合是个精细活。需要全身心地投入，每个人的参与。每一个游客都可以是宣传大使。南浔打造全域影视基地，建设了千余个拍摄点位，每一次拍摄，每一次打卡，都是一次免费宣传。每一个村民都可以是金牌导游。江山市大陈乡大陈村，一首村歌唱红一个村。每个村民都会唱歌，都会讲家乡的故事。就像是首店经济，每一个旅游目的地，在游客心中都应该是独一无二的存在。要有长歌善舞的形，更要有深入人心的魂。

第六章

乡村农文旅融合产业数字化振兴机理与路径

信息技术的迅猛发展为文化旅游领域不同生产要素的融合创新、下沉市场发展潜力的充分挖掘、现有沉默资本盘活、新兴消费模式引领等不断注入新动能；工业4.0时代，以数字技术为核心的高精尖信息技术与产业变革深入推进，农业、文化和旅游融合发展的科技需求不断扩大，科技创新集成应用、跨界协同特征逐步凸显，数字化技术在农文旅产业中的不断渗透使消费者的文旅消费模式、消费习惯等发生巨大转变，为实现农文旅产业的转型升级、优化消费者文旅体验、加速农文旅融合产业发展的模式转变提供了强劲支持；同时，我国数字乡村建设已经取得初步成效，精准把握数字化改革发展契机，推动乡村农文旅融合产业的高质量发展是助力实现文化强国战略和乡村振兴目标的重要举措。借数字化发展之东风，筑乡村农文旅融合产业发展之大势是当前乡村振兴发展的必经之路。

第一节　研究意义

数字技术赋予了传统行业新动能，如何探索出一条具有当地特色的乡村农文旅产业数字化振兴路径，为推进乡村文旅产业数字化振兴提供可复制的样板，意义重大。

一、推动乡村农文旅产业振兴发展的内生动力

数字赋能乡村农文旅产业，符合乡村农文旅产业发展的特定规律，有利于增强农文旅产业自身活力，使乡村农文旅紧密地融入人们的生产生活，使农文旅产业具有可持续发展的内生动力。

二、实现共同富裕的客观需要

实现共同富裕，最艰巨、最繁重的任务在农村。实现乡村产业振兴是解决农村一切问题的前提。而乡村农文旅产业是农村一二三产业融合的重要抓手，也是实现农民增收的重要途径之一，既能为一方百姓带来福祉，又能有力推进当地的农民农村共同富裕。

三、提升文化软实力的重要途径

文化软实力是一种通过广泛传播之后才能够兑现的文化力量。通过数字赋能乡村农文旅产业，带动乡村农文化旅游资源深度开发，发展非遗产业和传统工艺产业，是乡村农文旅产业振兴的内在需要。

四、实现产业转型升级的重要手段

通过数字赋能实现价值共创，不断延伸农文旅产业链条，可推动农文旅消费节点创新能力柔性集成，进而实现乡村农文旅产业振兴转型升级。

第二节 数字文旅产业发展之问题剖析

以数字化改革为抓手，对全面实施乡村振兴战略有着重要的保障与促进作用。但因数字化改革与乡村农文旅产业发展存在天然的信息鸿沟，其融合发展过程不可避免存在一些阻滞问题，对问题的全面分析与解决将有效促进数字赋能乡村农文旅的高质量发展。

一、产业发展特色欠缺

受地理位置以及经济发展水平存在显著差异的影响，各乡村农文旅产业经营者往往各自为营，不同地区农文旅产品之间存在较为严重的模仿与趋同问题，在数字经济的快节奏驱动下，不但造成本地特色农文旅优势的逐渐湮没，也使消费者对乡村农文旅产业发展信心不足。

二、资源共享效率低下

现阶段乡村农文旅产业不同经营者之间缺乏系统的沟通与交流，"数据烟囱"问题普遍存在，各乡村农文旅传播平台之间资源的互联互通受阻，在重复投资造成资源浪费的同时，消费者的农文旅体验较差，严重影响数字农文旅的高质量发展。

三、市场监管机制不全

乡村数字农文旅产业发展不规范，所提供的服务内容良莠不齐，部分乡村农文旅经营者因急于回笼资金，将具有丰富内涵的乡村农文旅产品打造成了快消产品，违背文旅产业发展初衷，但因缺乏统一的行业标准规则与针对产品服务的有效监管，现阶段文旅产品的低俗化现象屡见不鲜。

四、数字赋能渗透不足

因数字经济与乡村农文旅产业发展的节奏与起点不同，短期内形成数字技术与乡村农文旅跨越式的协调融合发展模式存在一定难度，数字赋能浮于表面，未能深入乡村农文旅发展内在运作机理，技术融合偏表层化，运用数字手段深层传播还不够普遍。

突破现有发展桎梏，解决现阶段数字与农文旅产业融合发展的痛点问题是推进乡村农文旅产业数字化进程的必经之路，深入剖析数字赋能乡村农文旅产业发展的内在机理与作用方式将有效促进现阶段问题的解决。

第三节 数字赋能农文旅产业之路径

数字化改革的持续深入推进有效激发新的农文旅产业效能增长点，探索数字化改革赋能乡村农文旅产业发展机理，对实现乡村农文旅产业的转型升级，助力乡村振兴有着重要作用。

一、数字赋能乡村农文旅产业：理念更新

思想决定行为。观念更新始终是数字化改革的首要任务，树立数字思维，将数字化改革嵌入农文旅产业融合发展脉络，是数字赋能农文旅产业融合发展的基础。

（一）数字赋能消费者消费理念革新

马斯洛需求层次理论指出，当人类某一层次的需求得到满足后，将向更高一级需求进发。现阶段我国人民生活水平得到大幅提高，对于文化和旅游的质量要求也有了明显转变，文旅行为的发生不再流于形式。数字化改革紧抓人们农文旅消费模式转变的重要契机，通过数字化技术的渗透，助推人们消费理念革新，将"上车睡觉、下车拍照"的传统农文旅消费模式向追求农文旅产品的多样化表达、沉浸式体验、近距离互动等模式转变。数字化技术所提供的跨空间、时间的农文旅体验使消费者的农文旅消费行为不再局限于线下，利用数字技术进行农文旅产品及载体的生动再现逐渐被消费者所喜爱，消费潜力进一步释放，通过消费者农文旅消费价值观念的转变促进价值共创行为的发生，实现了消费与观念的融合。

（二）数字赋能经营者管理理念创新

数字化技术为乡村农文旅产业形态转变与市场价值强化等注入了源源不断的新生动力，使乡村农文旅资源及农文旅载体实现了数字化创新表达。首先，消费者对乡村数字农文旅产品的需求不断扩大，对农文旅产品的数字技术含量要求不断提升，各类"云"旅游产业的发展以及新冠疫情对人们出行的限制等催促经营者尝试数字化发展方向；其次，数字化农文旅产业的多渠道传播为农文旅产业经营者营造了浓厚的价值共创氛围，在持续熏陶下明确乡村农文旅产业是中华传统文化传播的重要纽带，旅游是文化传播的重要载体，增强其对中华文化以及中华文化数字化表达的认同感与归属感，避免其在经营过程中采取不利于农文旅产业发展的管理手段，为农文旅产业肃清环境干扰，培养农文旅产业数字化转型的市场力

量,实现了意识与现实的融合;最后,数字化技术给消费者带来的创新型消费体验激发了消费者消费热情,增强了消费者支付意愿,经营者获得的由数字化技术带来的乡村农文旅产业收益也为其经营理念的转变提供了可能,实现了业态与管理的融合。

(三)数字赋能监管者监管理念推陈出新

当前,农业、文化和旅游产业发展正处于向高质量发展的转型阶段,数字化技术参与乡村农文旅产业发展进程是农文旅产业高质量发展的必然要求,农文旅产业的数字化融合发展是大势所趋。数字化技术的发展在为乡村农文旅产业的高质量发展提供强大助力的同时,也对农文旅市场的监管制度发起挑战。一方面,传统的市场监管平台与技术已无法实现对区域内的产业资源配置、各构成要素发展动态、消费主体支付倾向以及农文旅产业重要场所人员流动情况的实时监管,数字化农文旅产业与传统监管制度的"水土不服"状况倒逼监管部门推陈出新,不断提升监管制度的科学性与全面性,始终保持数字农文旅产业沿着积极正确的方向发展;另一方面,也使监管部门更新对农文旅产业的认知,明确农文旅产业通过优势互补、统筹协调发展才能不断激发文化创意、提升消费者旅游质量,提高自身对本地区行业的监管能力、市场动态的把握能力以及数字化人才的培养能力等,实现认知与监管的融合。

二、数字赋能乡村农文旅产业:职能更新

乡村文旅产业的数字化发展是一项由多方协同参与的价值创造活动,数字经济推动文旅产业转型升级的过程,新技术实现由消费端向生产端的逐步过渡,数字赋能各方职能转变。

(一)数字赋能市场职能拓新

随着数字化改革的不断深入,大数据与数字技术不断洞察乡村农文旅市场发展痛点,驱动市场职能的不断完善。一方面,数字化改革引导市场制定与完善各类吸引外部资源进入数字农文旅产业领域的政策体系,加快

本单位数字技术的深入研发与应用，促进产业转型升级，完善数字化背景下的市场经济体系，合理化配置各类生产要素，进而从内生动力出发，以完备的政策体系与企业建设反哺市场推进本区域的数字化改革，加强数字农业、数字文化和旅游市场主体建设，为数字农文旅产业发展提供优渥的生长环境，充分激发市场的主观能动性；另一方面，以数字化改革为抓手，强化市场导向，优化数字农文旅产业发展模式，形成精准、严密、智能的数字农文旅市场闭环管理模式，利用数字便利实现区域数字文旅市场的全方位风险预警监管机制，促进农文旅市场的一体化开发，实现产业与市场的融合。

（二）数字赋能政府职能出新

信息化时代，提升社会治理效率，完善社会功能体系是政府职能发挥的重要战场。数字技术的产生与发展为政府职能的更好发挥提供了可能。一方面，通过数字政府建设，可在明确文化和旅游部门的权责划分的基础上推动文化和旅游部门管理职责的有机融合，提升政府对农文旅产业发展态势的把握精准度，畅通平台间农文旅产业信息沟通渠道，为农文旅产业发展提供数字化决策支持等；另一方面，在大数据、人工智能技术等的支持下优化生产要素分配和组合结构，完善数据这一特殊生产要素与劳动、管理、技术等现实要素深度融合的政策保障，加强顶层设计，通过广泛参与、精准匹配和价值共享实现"联动赋能"，打造农文旅产业发展新引擎，实现机构的融合。

（三）数字赋能消费者职能鼎新

人是农文旅产业价值创造的行为主体。人参与农文旅产业发展的过程是其产业价值发挥的中枢环节，人与农文旅产业发生共振的过程是乡村农文旅产业价值创造的关键阶段。信息技术的发展使得各类多媒体平台如雨后春笋般破土而出，与数字技术一起，使消费者对农文旅产业的消费需求在潜移默化中发生变化。首先，农文旅产业的数字化发展提升了消费者的消费体验，同时也使消费者对农文旅的数字化发展提出了更高要求。在螺旋上升过程中，消费者不断获得数字农文旅新体验，打造出乡村农文旅产业数字化生态圈，形成贯穿农文旅发展全周期的数字化供应链，并逐渐加大农文旅产业的数字化渗透力度；其次，数字化技术带来的全新文旅体验使消费者对数字技术更新频率提出了更高要求，催生一系列数字化人才，引发农文旅产业人才培养变革，实现数字赋能→数字使能→数字生能的能动转换，实现了消费者与数字技术的价值互通。

三、数字赋能农文旅产业：融合更新

数字化改革为乡村文旅产业发展提供了源源不断的内生动力，借助数字产业发展红利，实现传统文旅产业的转型升级是数字赋能乡村农文旅融合发展的重要方式。

（一）数字赋能乡村农文旅产业模式励新

数字技术在乡村农文旅产业中的广泛应用为文旅产业的转型升级注入了强劲动力，催生了农文旅产业发展新模式、新业态。首先，数字化技术为农文旅产业的创新发展提供了技术支持，如VR、AR、AIGC等的应用，将静态的、限定坐标的文旅资源以视频或者音频的形式呈现在观众眼前，形成了线上文博、沉浸式场景、云旅游等数字农文旅新业态，助力农文旅产业发展跳出传统思维，以现代管理理念为指导，对传统文旅产业链与价值链做延伸；其次，数字化技术通过构建农文旅产业数字资源平台，使不同农文旅实体之间的信息互通、资源共享成为可能，以政府、市场职能的发挥为助力，培育农文旅产业发展新引擎，以改革成效为内生动力反推数字化改革的进一步深化；再次，利用平台数据资源建设数字化体验中心，增加消费者互动服务体验，以虚拟技术为支持为农文旅融合产业发展开辟新路径；最后，让文化场所成为游客的目的地，让旅游接待区成为文化的载体，实现场所和业态的融合。

（二）数字赋能乡村农文旅传播方式谋新

以市场需求为导向，借助多样化媒体平台进行农文旅产业线下线上融合传播方式是数字赋能乡村农文旅产业发展的又一重要方向。一方面,数字化多媒体平台的应用契合当下消费者消费模式转变规律,提高消费者碎片化时间管理效率,通过多媒体平台展示内容、形式的创新,改善传统传播模式覆盖面窄、受众接受率低等现实问题,使农文旅元素实现动态复刻,寻求传统文旅与现代消费者消费偏好之间的平衡;另一方面,借助数字化全媒体传播平台,提升与农文旅产业内涵发展密切相关的地方院校、政府机关工作人员的农文旅产业数字化发展意识,打造农文旅产业数字化发展的良好环境氛围;同时,3D打印等数字虚拟技术的使用,为消费者构建出可以利用自身感官触碰的虚拟文旅世界,使部分已经消逝的文物得以复现,拉近了消费者与历史的距离,激发了消费者对农文旅产业数字化发展的参与热情,实现了历史与现实的场景融合。

(三)数字赋能乡村农文旅发展路径焕新

数字化改革的深入推进打通了文旅产业与其他产业的融合发展堵点,推动了乡村农文旅产业与其他产业融合发展的产业生态圈建设,为农文旅产业的向好发展注入了新活力。第一,数字赋能乡村农文旅产业发展以供给侧结构性改革为关键路线,提供线上线下双渠道产品供给,实现乡村农文旅产业发展路径焕新与大众消费习惯及支付能力相结合,以提升文旅产品的数字化原创能力为抓手,开辟乡村数字农文旅发展新路径;第二,数字化改革为乡村农文旅产业发展带来了规模可观的下沉市场资源与消费群体,在利用智慧城市建设提升农文旅产业发展价值链的同时构筑了农文旅资源畅通流动的数字化信息共享平台,为科技产业链与农文旅产业链的跨界融合提供可能,提高农文旅产业融合发展深度,提升数字农文旅产品的供给质量,创新数字农文旅产业发展路径,增强产业发展灵活性。

四、数字赋能乡村农文旅产业:服务更新

随着消费者消费理念以及农文旅融合产业职能的转变,乡村农文旅产业不断借助数字化改革的东风加快转型升级,消费者服务需求逐渐提升,数字化技术赋能农文旅产业服务设计不断完善。

（一）数字赋能乡村农文旅产业服务载体立新

数字技术的出现使农文旅融合服务载体更新成为可能。服务设计策略的完备性与平滑度是影响消费者消费体验的重要因素。数字技术的广泛应用一方面使农文旅服务由线下逐渐拓展至线上，开辟线上线下服务供给双渠道，打造物理消费与数字消费紧密衔接的联动闭环，线上服务为线下体验提供便利，线下体验检验线上服务成效，双方协同推动乡村农文旅产业服务逐渐走向规范化与科技驱动；另一方面，数字化技术不断创新乡村农文旅产品展现形式，如云直播、线上全景游、历史人物及场景的虚拟再现等，通过农文旅融合服务载体立新，在实现区域文化与核心旅游资源高效输出的同时，提升农文旅产业自身吸引力，丰富消费者游览体验，诱发二次消费，触发消费者节点传播文化与数字农文旅产业的主观能动作用，实现主动与被动的融合。

（二）数字赋能乡村农文旅产业服务过程翻新

服务业在国家经济发展进程中担任着"稳定器"与"助推器"的重要角色，数字化改革的持续推进使得乡村数字农文旅服务逐渐贯穿消费者文旅全过程。对将采用实体游览模式的消费者而言，在其出游行为触发之前，借助大数据技术的用户画像分析，为消费者提供精准的内容推送，通过农文旅服务 App 或小程序、多媒体社交平台等，对自身出游进行合理规划，包括门票、酒店、旅游攻略的提前预订或制定等；在其线下文旅行为触发后，乡村数字农文旅产品为其提供便捷的游览服务，如人工智能导游、历史人物虚拟互动、游览路线实时定制等；在游览行为结束后，为消费者制作专属游览行程画册等，以提升消费者服务体验。对于采取线上游览模式的消费者，如因新冠疫情影响无法到中国旅游的外国友人，通过数字化技术的应用，实现跨时空、跨地域的农文旅场景连通，在满足其农文旅需求的同时，实现由服务过程翻新带来的共创价值，推动产品与情境的融合。

（三）数字赋能乡村农文旅产业服务模式刷新

数字化技术对乡村农文旅产业发展的渗透推动消费者参与农文旅服务

的创新与发展过程。首先，数字媒体平台的应用使消费者成为乡村农文旅产业的宣传者，以消费者自身为节点，实现乡村农文旅产业的价值与内涵输出，激发农文旅消费；其次，线上线下消费者的乡村农文旅体验使其成为农文旅服务效能的检验者，消费者作为农文旅服务的真实体验者，对乡村文旅发展模式的不足有着发言权，能够驱动服务模式创新，优化服务设计；最后，数字化社群带来跨区域的文化身份认同，为消费者打造乡村农文旅服务新场景，个性化的服务供给使消费者在农文旅消费方面的社群属性得以充分表达，消费者不再是文旅服务输出的被动接受者，而是主动要求参与权与话语权的服务设计参与者或规则制定者，实现农文旅产品增值，畅通乡村农文旅产业资源的价值发挥通道。

五、数字赋能乡村农文旅产业：技术革新

AIGC 是热门话题。AIGC 即 Artificial Intelligence Generated Content，是指利用人工智能技术来生成内容。

AIGC 是继 UGC、PGC 之后新型利用 AI 技术自动生成内容的生产方式。AI 绘画、AI 写作等都属于 AIGC 的分支。对 AIGC 来说，2022 年被认为是其发展速度惊人的一年。

生成式人工智能——AIGC，是指基于生成对抗网络、大型预训练模型等人工智能的技术方法，通过已有数据的学习和识别，以适当的泛化能力生成相关内容的技术。

AIGC 技术的核心思想是利用人工智能算法生成具有一定创意和质量的内容。通过训练模型和大量数据的学习，AIGC 可以根据输入的条件或指导，生成与之相关的内容。例如，通过输入关键词、描述或样本，AIGC 可以生成与之相匹配的文章、图像、音频等。

麦肯锡的定义：生成式人工智能旨在通过以一种接近人类行为，（与人类）进行交互式协作。

Gartner 的定义：生成式人工智能是一种颠覆性的技术，它可以生成以前依赖于人类的工件，在没有人类经验和思维过程偏见的情况下提供创新

的结果。

BCG 的定义：生成式 AI 是一种突破性的人工智能形式，它使用对抗网络（GANs）的深度学习技术来创建新颖的内容。

TE 智库的定义：生成式人工智能，将彻底改变人机交互的关系，并创造新的产能输出结构。它将在第四维度实现与人的思维同调，类似移动设备以人类外器官形态存在，AIGC 将以外脑的形式存在于人类认知中。

笔者借鉴这个概念，在农文旅融合中作另外一种解释，AIGC 指的是 Agriculture, Industry, Game, Culture 的缩写，即农业、产业、游戏和文化的融合。这一概念强调将农业、工业、游戏和文化等领域进行深度整合，创造出全新的产业形态和商业模式。在底层技术和强大功能方面，具体涉及以下方面：

（1）底层技术

人工智能（AI）：AIGC 中的智能化应用通常依赖于人工智能技术，包括机器学习、深度学习等，用于数据分析、决策支持和优化农业生产等方面。

大数据：数据是 AIGC 中的关键资源，大数据技术用于收集、存储和分析各个领域的数据，为决策提供基础。

物联网（IoT）：在农业和工业领域，物联网技术可用于监控农田、设备、生产线等，实现实时数据传输和远程控制。

区块链：用于确保数据的安全性和可追溯性，特别在农产品溯源和产业链管理方面具有潜在应用。

（2）强大功能

智慧农业管理：AIGC 通过整合先进的技术，实现农业的智能化管理，包括智能种植、智能灌溉、智能施肥等，提高农业生产效益。

文化与旅游融合：通过 AIGC，农村地区可以将本地文化和旅游资源进行融合，创造独特的旅游体验，推动当地文化的传承和发展。

数字农业金融：AIGC 还可以促进数字化的农业金融服务，包括智能信贷、农业保险创新等，降低农业经营风险。

创新产业链：通过 AIGC，不同产业之间形成协同发展，促进产业链的创新，从而提高整体经济效益。

文创产业发展：AIGC 鼓励文化创意产业的发展，涉及手工艺品、文创产品等，为农民提供新的收入来源。

总体而言，AIGC 通过创新性的技术应用和跨界整合，为农业、产业、游戏和文化带来多元化的功能，推动农村地区实现全面发展。

在农业、文化和旅游融合中，创新运用可以催生许多新业态。以下是一些 AIGC 创新运用的方式和可能催生的新业态：

（1）智慧农业与数字农村

AIGC 创新：引入人工智能、大数据和物联网技术，实现智能化农业管理，提高农业生产效率。

可能催生的新业态：农业数据分析服务、智能农业设备研发和销售、数字农村建设咨询等。

（2）文化体验农业

AIGC 创新：结合农业和文化元素，打造具有特色的文化体验活动，如传统手工艺品制作、农耕文化节等。

可能催生的新业态：文化体验农场经营、文化农业旅游规划、农村文化活动策划等。

（3）农产品文化品牌推广

AIGC 创新：将农产品与当地文化融合，打造独特的文化品牌，提升农产品附加值。

可能催生的新业态：农产品文化品牌推广代理、文化农产品营销策划服务等。

（4）乡村文化创意产业

AIGC 创新：鼓励农民参与文化创意产业，开发乡土特产、手工艺品等。

可能催生的新业态：乡村文创产品设计、文创市集运营、乡村文创工作坊等。

（5）数字化乡村旅游

AIGC 创新：利用数字技术提升乡村旅游体验，如虚拟现实（VR）农场体验、数字化导游服务等。

可能催生的新业态：数字乡村旅游平台开发、虚拟农村体验设备制造等。

（6）农业金融科技服务

AIGC 创新：结合农业、文化和旅游的特点，提供创新的金融服务，如农村信贷平台、农业保险创新等。

（7）可能催生的新业态：农业金融科技咨询、农村金融科技平台开发等。

通过 AIGC 的创新运用，农业、文化和旅游之间形成良性互动，催生出多元化、创新性的新业态，推动乡村全面发展。

另外，还要关注"文化基因工程"。"文化基因工程"是指用大数据和人工智能的工程化方法对文化遗产进行采集、提取、解读、重构、可视化分析、知识图谱建构等处理，令其方便每一个人创作、生产、传播、消费以及再创造文化内容的一组技术。"文化基因工程"包含了对文字、图像、音乐、舞蹈等多种形式文化符号的数字化、素材化和智能化的开发，可以说是"文化资源数字化"（数字图书馆）的升级版。从这个意义上说，没有文化资源的"基因化"加工就无法实现"智能化"应用，而没有"智能化"的数字化将极大地限制当前技术条件下的使用价值。

要拥抱数字化的同时也要警惕数字化。许多产业现在面临的共同问题是产品虽然有了，但却无法销售出去。在这方面，很多人盲目迷信"电商直播"，希望通过电商直播来增加销售渠道，也能使一部分三产附加值留在本地。然而，并不是所有的产品都适合通过电商直播进行销售。

第七章
农文旅融合发展趋势

乡村振兴的本质意义就是把更多城市资源引导到乡村进行融合、转化、交易、变现，诀窍是要做到"眼中有物、心中有人"，即："眼中有物"是满眼看到乡村的山水田园树，古道古井古民居；"心中有人"要的是潜在消费者和买单者，两者"缺一不可"，才能推动实施乡村振兴。乡村振兴无非就是做好两件事情，一是把城里人引到乡村来，二是把农产品卖到城市去。这两者推动起来、相向而行，就能实现乡村振兴。农文旅融合发展要朝这个方向发展。未来有多近，在于你已经走了多远。道阻且长，行则将至，行而不辍，未来可期。

第一节 农文旅融合发展路在何方

农文旅融合发展的趋势主要表现在以下几个方面：

（1）可持续发展：随着人们对环境保护和可持续发展的重视，农文旅融合将更加注重生态保护、资源利用和社会责任，以实现经济、环境和社会的可持续发展。

（2）个性化和定制化需求：游客对旅游体验的个性化需求日益增加，农文旅融合将更加注重提供个性化和定制化的旅游产品和服务，满足不同游客的需求。

（3）创新和科技应用：科技的发展将为农文旅融合带来更多的创新，如虚拟现实、增强现实等技术可以提升旅游体验，智能化管理系统可以提高农业生产的效率。

（4）文化保护和传承：农文旅融合将更加注重保护和传承地方的文化遗产和传统工艺，通过旅游的方式使之得到传播和发展，增强地方文化的认同感和自豪感。

（5）**农业产业升级**：农文旅融合将推动农业产业的升级和转型，从传统的农产品生产向农业观光、农业体验、农业创意产品等多元化发展，提高农民的收入水平。

（6）**地域合作与联动**：农文旅融合发展需要跨部门、跨行业、跨地域的合作与联动，通过共同规划、资源共享和品牌推广等方式实现互利共赢。

（7）**乡村新旅游**：农文旅融合将成为推动乡村振兴2.0版本的重要手段之一，农村地区将通过发展乡村旅游吸引游客、增加农民收入，实现农村经济的发展和社会的进步。

综上所述，农文旅融合发展将朝着可持续、个性化、创新和文化传承的方向发展，为农村振兴和乡村旅游提供新的机遇和挑战。

莫问剑认为，有四种未来业态值得重点关注：

第一种是"乡村国际化"，引进了国内乃至国际化的一些创新创业组织；

第二种是"乡村数字化"，比如一些大都市里的数字经济头部企业的中层、高管，到乡村组合"数字游民公社"，或者尝试打造线上的"云村民集群"；

第三种是"乡村时尚化"，比如像乡村咖啡馆、户外露营基地、山路探险越野赛等；

第四种是"乡村科创化"，许多科创、文创、研发中心因为"淋水效应"而从都市外溢到乡村，一批数字经济头部研发的中产阶级，逆城市化的"虹吸效应"，到乡村追寻"半城半乡、半虚半实、半进半退"的生活。

泛旅游时代的颠覆性转变包括：

一是旅游空间转变。旅游空间从景区到乡村再到城市的转换，涉及场所、场地、场域等；

二是旅游吸引物转变。尽管风景依然是旅游核心吸引物，但在大休闲市场下，缘于大众旅游消费者的从众心理诉求和共享空间诉求，风景与场景同在，风景与场景的主次、轻重关系以及消费频次、黏性却产生了此消彼长的态势。

三是旅游体验方式转变。实现了从"他者目光"到"沉浸式"的具身体验，从"局外人"到"自家人"、从"旁观者"到"亲历者"等身份和角色的转变，以及类似剧本杀的情境化角色扮演。

四是旅游时间转变。如在夜经济中的"暗夜旅游"和"荒漠文明"，以及"人与自然和谐共生"的绿色旅游，合乎未来市场发展规律、联合国可持续发展目标与国家碳排放、碳中和政策。

整体趋势：文化、产业和旅游持续融合，"文旅+"向"+文旅"转变。文旅融合边界不断拓展，通过产业升级和空间构建，拉长文旅产业链，营造沉浸式文化感知和体验，打造新消费综合体，不断催生新兴消费业态。

第二节　乡村运营新趋势

运营的核心是平衡。包括诉求平衡、权利平衡、利益平衡、资源平衡、能力平衡，等等，做好平衡，项目就会和谐，才会有发展机会。

要能平衡好，库很重要。包括知识库、资源库、能力库、人格库，等等。"库"越大，承载能力越强，越是容易做好平衡，越能做好乡村运营。

库除了自己，更需要借库。向政府、向专家、向同行、向团队、向工具、向平台借。

新时代农文旅融合运营需处理好几个关系：新业态与原有产业的关系、大众与小众、集群与分散系、集体投入与其他投入的关系、外聘人才与本土人才的关系。

在乡村运营中，应重视 G.O.（Gentil Organisateur）的作用。

G.O. 是度假村里的工作人员，即法语 GENTIL ORGANISATEUR（"和善的组织者"或"亲切的东道主"）的缩写。G.O. 的典型案例在 Club Med。Club Med 是一个国际村的环境。Club Med 所有的 G.O. 都受过专业培训，大家可以安心把孩子交给他们。

来自 25 个国家的国际化 G.O. 团队，白天带着孩子做游戏，学习艺术和运动，晚上还能给大家表演各种节目。孩子在度假村里能接触到世界各地的文化，接触更多的朋友，对他们性格和语言的培养都有很大的帮助。

除了丰富的活动安排，度假村灵魂人物 G.O. 是成就 Club Med 的关键。Club Med 拥有 1.5 万名雇员，涵盖近 100 个国家和 30 种语言。其中，G.O. 是度假村内的高素质员工，为 G.M.（Gentil Membre，俱乐部会员）提供全方位高质量服务，其工作内容涵盖向导、教练、保姆、演员等多种职能。在某种意义上，G.O. 就是 Club Med 企业文化精神的代表。除了 G.O. 之外，度假村的现场服务人员还有 G.E.（Gentil Employé）。G.O. 与 G.E. 分别代表服务现场的前台和后台，为保障度假村的氛围营造和硬件维护提供相应服务。

其中，G.O. 会两种或两种以上语言以及丰富的肢体语言、精通各种运动项目、能与孩子们打成一片、晚上还要组织不同主题的歌舞表演，到酒吧聚会都全程陪伴你吃喝玩乐。

G.O. 就是让你忘记工作，抽离日常，短暂的休闲度假过后也许你会发现一个更棒、更丰富的自己。G.O. 追寻的就是这种纯粹又温暖的生活方式，并且乐于把这种生活方式分享给每一位客人。

乡村运营的发展新趋势主要包括农业旅游、文化创意产业、乡村医疗养老、数字化农业和生态保护等方面。

农业旅游：乡村旅游已成为乡村发展的重要方向，越来越多的人追求与自然亲近、体验农耕生活的机会。发展农业旅游可以提供农村地区的就业机会，促进农产品销售和农业增加值。

文化创意产业：乡村具有独特的历史文化和民俗风情，发展文化创意产业可以挖掘乡村的文化资源，打造具有地方特色的手工艺品、传统工艺品等，提升乡村的文化价值和吸引力。

乡村医疗养老：随着人口老龄化趋势的加剧，乡村医疗养老服务需求日益增长。发展乡村医疗养老可以提供医疗保健服务、康复护理、养老院等，满足老年人的健康和生活需求。

数字化农业：应用信息技术和物联网技术，推动农业的数字化转型，提高农业生产效率和质量。例如，利用无人机、遥感技术和农业大数据分析，实现精准农业管理和农产品质量溯源。

生态保护：乡村发展需要重视生态环境保护，注重生态修复、生态农业和生态旅游的发展。通过生态保护，不仅能够保护乡村的自然资源，还可以增加乡村绿色生态产品的供给。

综上所述，乡村运营的发展新趋势包括农业旅游、文化创意产业、乡村医疗养老、数字化农业和生态保护等方面，这些新趋势有助于促进乡村经济发展和提升乡村居民的生活品质。

第三节 "千万工程"持续深化

浙江"千万工程"经历了三个阶段：

第一阶段是"千村示范、万村整治"，本质上是"洁净乡村"建设时期，就是不管有钱没钱，先搞干净再说；

第二阶段是"千村精品、万村美丽"，本质上是"美丽乡村"建设时期，就是投入大量资金做了很多环境改造、项目建设，把物质基础和环境搞美丽了；

第三阶段是"千村未来、万村共富"，也就是"共同富裕"建设时期，本质上是"乡村运营、产业兴旺"，靠什么工具呢？文旅是一种路径，"科创乡村"是另一种路径，依靠科技创新、文创、数字经济研发中心等新型业态从都市外溢到乡村开创新局面。

近年来，温州各地紧紧围绕共同富裕，面向未来乡村，建设和美乡村，进行了乡村振兴的实践探索，在此之中，充分挖掘文化基因，解读（艺术乡建、农业立村、改革活村、文旅兴村、实体强村、科创助村、产业富村、党建带村、金融聚村、数字赋村等）力量密码，开发应用场景，发挥路径选择的重要作用和路径依赖的积极效应。为此，农村指导员岑利等通过一些调查研究，如鹿城区山福镇驿头驿阳村、藤桥食品产业园、七都樟里村等，就温州乡村振兴文化基因和"千万工程"力量密码进行挖掘解读。

一、实施"千万工程"推进乡村振兴的亮点与路径依赖

温州市各地"千万工程"推进乡村振兴亮点纷呈，全域整治、环境面貌得到了明显改善，村富民强，城乡收入实现了大幅提升，初步形成了十条被实践证明了的切实有效的路径，既是一件值得关注的新的有意义的重要事情，又是拓宽了新的一种视野的独特做法，更是一个干部敢为、地方敢闯、企业敢干、群众敢首创的典型范例。

1. 艺术乡建

典型案例：永嘉县鹤盛镇上日川村将艺术植入乡村，摸索出"艺术+农业+文化+旅游+民宿+康养"振兴乡村的新模式。从情怀、投入到运营，使乡村与艺术相互借力，促进乡村腾飞，"半村丹青—半村烟火"已成为村内最大的特色，创新形成了美学新空间，从而使原本默默无闻的一个乡村正在逐步走向世界。

2. 农业立村

典型案例：温州市瓯海区潘桥西片区马桥村都市农业公园。公园以"上河稻花香，都市桃花源"为目标，围绕"农+旅+学+产"发展主线，采用农业特色、田园风光、生态涵养、城乡融合四种设计原则，打造集生产、生活、生态于一体的乡村共富新空间。

3. 改革活村

典型案例：瑞安、龙港、乐清市等地深入推进以集体经济为核心的强村富民乡村集成改革，联动推进"三块地"改革，探索"土地流转+标准农地+建设用地"的新模式。开展闲置宅基地、闲置农房"双激活"，稳妥推进农村集体经营性建设用地入市改革，有效激活城乡各类要素资源。

4. 文旅兴村

典型案例：瑞安市陈岙村打通"两山"转化通道，逐步成为远近闻名的文旅共富村。村党组织书记陈众芳团结带领党员干部和广大村民，通过调查研究、发动群众、做好规划，实施治水、治山、治村（旧村改造）等一系列举措，陈岙村旧貌换新颜，成为新农村建设典范，不仅增强了村民的凝聚力，而且提升了村庄的知名度。

5. 实体强村

典型案例：乐清市湖上垟村凝聚乡贤资源助力乡村振兴，从一个山高水远"三无"（无区位条件、无产业基础、无项目支撑）的偏僻山村，挖掘特色，实体强村，走出一条属于自己的大力发展生态旅游、实现共同富裕的路子。

6. 科创助村

典型案例：文成县峃口村——第一书记把脉问诊出良方，带领群众走好"共富路"。2020年5月，温州市民宗局党组成员、二级调研员魏君定开始担任市派农村工作指导员、文成县联络组组长、峃口镇峃口村第一书记，他践行"用心用情办好民生实事，千方百计增进百姓福祉"的工作准则，科学谋划、着眼长远、以点带面、整体推进，成为科学发展的"规划家"、投资建设的"设计师"和项目推进的"指导员"。通过抓规划、找项目、借外力，带领群众干成了一批打基础、利长远、促共富、善治理的实事。

7. 产业富村

典型案例：永嘉县委组织部、农业农村局牵头打造许多"共富工坊"带动许多人实现"嘉"乡就业。永嘉县充分依托党建联建，深化"村企农"三方联动，打造来料加工式、定向招工式、电商直播式、农旅融合式、品牌带动式、产业赋能式6种类型"共富工坊"，走出了山区县强村富民的新路子。为契合水土，打造具有特色化、永嘉味的"共富工坊"，融入未来乡村、现代社区、幸福企业等创建单元，聚焦社会效益、带动增收、服务保障等指标，评定示范型、引领型、普惠型三类

"共富工坊"。

8. 党建带村

典型案例：薄弱村——鹿城区雅漾村的美丽蝶变。鹿城区藤桥镇雅漾村原是一个后进村，工农业基础薄弱，尽管山水资源丰富，但因居民的生态保护意识和资源开发意识不到位，旅游价值大打折扣。近年来，雅漾村在上级党委政府的大力支持及两委班子共同努力、村民的高度配合下，以乡村振兴和小城镇综合环境整治为依托，大力投入基础设施建设，各项事业得到了长足进步，规章制度日益完善，村集体经济不断壮大，村民生活大大改善，村容村貌焕然一新。相继荣获了浙江省美丽宜居示范村、浙江省3A级景区村、浙江省卫生村、浙江省文明村、温州市基层党建示范村等荣誉称号。

9. 金融聚村

典型案例：农村金融资本助推乡村振兴共同富裕，商业银行强化农村金融支持。温州农商银行系统在金融支持共同富裕方面发挥"主力"作用。一方面，支持力度日益加大。温州农商银行系统出台"金融强村"十项举措定向支持村集体经济，已向许多行政村发放"强村产业贷"；深化"农民资产授托代管融资"模式，激活农村"沉睡"资产要素，惠及农户；另一方面，金融服务持续下沉。温州农商银行系统在全市范围内联合"共同富裕金融专员"直达一线"扩中""提低"，建立市、县、镇、村四级联动服务体系，解决融资难问题。

10. 数字赋村

典型案例：平阳县湖屿村——打造云上慢村。乡野山村短短几年，湖屿村成功实现从"一穷二白"到"浙南龙虾第一村"的华丽转身。全村人均年收入得到很快增长，村集体经济由"空壳村"跃升至富裕村，实现从外力"输血"向自身"造血"的转变。翻天覆地的变化背后，是湖屿村抢抓未来乡村建设机遇，大胆开拓创新，因地制宜挖掘利用本地资源，实现了"绿水青山"向"金山银山"有机转化的成果。

二、实施"千万工程"推进乡村振兴的难点与问题思考

1. 人才团队薄弱

存在着工作任务繁重而干事创业力量不足的矛盾。所以,在乡村振兴进程中,关键是要把专家力量、乡土人才、农创客和"大学生村官"等一批新农民聚集到产业链上,实现聚人才、兴产业、促发展的良性互动,以人才"强引擎"补齐农村"共富链"。

2. 产业基础落后

存在着一些农民和村集体"守着金山缺钱花找饭吃"的矛盾。所以,在乡村振兴进程中,十分需要有一个从低到高、小到大、散到整、脏到净、乱到治、差到好、重(资产)到轻(资产)、弱到强、穷到富的过程,也迫切需要有各种平台、载体和机构的合力帮扶。

3. 自然资源缺乏

存在着农村发展空间受限,但大量资源又被闲置的矛盾。所以,在乡村振兴进程中,要全面梳理农村各类政策、资源、项目,建立分门别类的"政策清单""资源清单""项目清单",激活沉淀资金、盘活闲置资产、用活稀缺资源是一条非常直接且十分有效的路子。

4. 村级建设滞后

存在着有较大比例的村社集体经济基础薄弱、动力缺乏与政府考核目标明确、任务严格的矛盾。所以,在乡村振兴进程中,既然政府有这样那样的考核任务,乡镇(街道)政府就应该帮助他们找项目、寻资源、抓落地、拓市场,帮助他们发展壮大集体经济,完成考核设定目标。

5. 村民自觉不够

存在着政府一头急,村干部一头慢,村民却不急不慢无所谓的矛盾。所以,在乡村振兴的进程中,要解决思想基础较弱的问题,亟须增强干部群众的积极性、主动性和创造性,尤其要摒弃和消除一些乡村振兴的捣蛋鬼、绊脚石、拦路虎。

我们亟须认真思考、着力探索和迫切需要解决的十个问题。一是如何

拿到"第一桶金",发展壮大村集体经济;二是如何做好策划、规划、计划,逐一解答好乡村振兴的各项填空题;三是如何谋划项目,争取上级政府项目的支持资金,如重点帮扶资金、水利工程资金、千亩万园项目资金等;四是如何更好发挥乡贤能士人才的积极作用;五是如何运用政策资源,发展好农村实体经济;六是如何做好帮扶工作,解决民生实事和百姓急难愁盼和所思所烦之事;七是如何进入共同富裕的轨道,纳入未来乡村"一三九"场景的赛道,以国际化(乡村田园咖啡吧、滨海日光浴沙滩、元宇宙星空之夜)视野将艺术乡建带入乡村振兴共同富裕的跑道;八是如何促进国际化,通过"思想+艺术+运营"、"传统+时尚"、遇上、等你、握手系列,解锁新场景、催生新业态、拉动新消费;九是如何处理好几个关系:农民与土地的关系,招商引资、龙头企业总部经济拉动与调动本村居民乡贤主动性、积极性的关系,建设乡村美术馆、博物馆、纪念馆等发挥传统文化优势与建设现代文明的关系;十是如何建设乡村振兴共富基金和乡贤助力乡村建设资金,形成可持续发展的工作机制。

因此,温州要打造农业农村现代化先行市,首先要明确"先"在哪里?

(1) 现代不现代,关键看生态

农业农村现代化先行市,不仅先在生态保护水平,更要先在生态产品价值实现。温州"七山二水一分田"的实际,决定了生态是该市农村的核心竞争力之所在。建立生态产品价值实现机制是基于"绿水青山就是金山银山"理念的时代重任,温州完全有条件成为新时代践行"绿水青山就是金山银山"理念先行区,要争取率先列入国家生态产品价值实现机制试点。要拓展生态产品价值实现新模式,培育绿色转型发展的新业态,打造具有温州辨识度的生态产品区域公用品牌,提升生态产品溢价,让良好生态环境成为实现山区跨越式发展的有力支撑。发展绿色金融,探索生态产品资产证券化路径和模式,探索将生态产品总值指标纳入各县(市、区)党委和政府高质量发展综合绩效评价。

(2) 先行不先行,关键看农民

农业农村现代化先行市,先在农民参与度,先在农民获得感,先在农民幸福感。在乡村振兴战略下，首先要始终坚持发展为了农民、发展依靠农民、发展成果由农民共享的理念，体现农民主体地位，更要发挥农民主体作用。各级地方要杜绝"政府在干、农民在看"现象。对财政支持的小型项目，可优先安排农村集体经济组织、农民合作组织作为建设管护主体，不断增强广大农民推进乡村振兴的责任感。旨在契合农民意愿、农民参与为主体、农民受益得实惠的乡村建设运动才能成就永续乡村。

（3）美丽不美丽，关键看经济

农业农村现代化先行市，美丽经济要先行，美丽乡村运营水平要领先，乡村可持续发展水平要领先。美丽乡村、生态宜居，需要一定的经济实力来支撑。我们不能把生态宜居单纯作为环境改造工程，最关键的是要产业植入，要有市场机制。因地制宜，充分利用各种优势，走一、二、三产业融合发展的路子。特别要加快农业产业化联合体建设，如单产业链条型联合体、平台融合型联合体、全产业链条型联合体，采取"农业企业+农民合作社+家庭农场"的"三位一体"运作模式，带动各类主体示范化、规范化发展。

三、新时代"千万工程"再深化、再提升

高质量乡村振兴是推进共同富裕最重要的战略举措，以城乡融合发展促乡村高质量振兴是推动共同富裕最有效的路径，农民农村共同富裕是共同富裕示范区建设的重中之重。要明晰"三个三"，加快绘就"千村未来、万村共富"新画卷，打造"千万工程"2.0版，推动新时代"千万工程"再深化、再提升。

围绕一个目标就是城乡融合，共同富裕，厘清变与不变、政府与市场、建设与运营的三大关系。明确三大定位，总体定位、功能定位、形象定位，做好乡村风韵、乡村旅游、乡村营商环境三篇文章，加快创建有本地辨识度的中心城区"千万工程"新样板。

（一）厘清三大关系

1. 不变与变的关系

不变："千万工程"首先是民心工程。坚持以人为本，遵循客观规律，尊重农民意愿，"千万工程"以为农民而建、让农民幸福为出发点和落脚点。农民不是旁观者，应是积极参与者。在这个过程中，避免"政府在干，农民在看"现象，政府引导、农民参与，坚持为农民而建，尊重农民意愿，组织带动农民搞建设，政府不搞大包大揽，注重可持续发展。

变：环境之变、生态之变；内容之变、内涵之变；产业之变、质量之变；场景之变、服务之变；功能之变、价值之变；观念之变、认识之变；驱动力之变、内生力之变。

2. 政府与市场的关系

温州"千万工程"2.0版最大的辨识度：以市场推动、民间参与为主。

实施"千万工程"可持续发展的关键是使市场在资源配置中起决定性作用和更好发挥政府作用，这是"千万工程"2.0版的基本框架。政府介入过度会致使市场竞争无序和资源配置效率低下。"千万工程"具体实施不能由政府来包办，而应有多方力量参与和多种机制协同，特别是让市场在资源配置中起决定性的作用。市场不仅在产业发展中起决定性作用，而且也在生态转化与环境治理，以及乡村集体经济改革发展中起重要作用，财政资金发挥的是撬动作用。特别是新业态、新模式的发展需要更多发挥市场配置资源的决定性作用。

3. 建设与运营的关系

建设与运营是支撑"千万工程"的两个轮子，缺一不可，要像抓乡村建设一样抓乡村运营。有了颜值，如果没有经营就没有效益，无法充分发挥乡村价值。要把每个乡村作为实体经济基本单元来经营，牢固树立抓"千万工程"就是抓实体经济的理念。深入实施"两进两回"（科技进乡村、资金进乡村、青年回农村、乡贤回农村）行动计划。我们特别需要一批"乡村 CEO"，可借鉴杭州市余杭区经验，广发英雄帖，为农村招聘职业经理人，给职业经理人缴纳"五险一金"，实行年薪制，经营得好的给提成，其目的是希望这些人才能带动乡村振兴，助力发展乡村集体经济。

(二) 明确三大定位

怎么做好规划建设和运营管理，一定要做好顶层设计，做好总体定位、功能定位、形象定位。

1. 总体定位

新时代"千万工程"需要总体定位，编制总体规划体系。如果村干部不知道今年该干什么，明年该干什么，都在等着上面的指示，不明白何去何从，几年做哪几个项目，缺乏规划体系，那就要解决这个问题。需要指出的是，单个行政村所具有的旅游资源往往有限，在乡村旅游不断升级的今天，只有站在更高位置、更广角度，通过组团、区片的形式，对生态环境、山水资源、产业发展、交通设施建设进行更好的规划、整合，才能构建起新的发展优势。

2. 功能定位

温州市高标准建成了100多条乡村振兴示范带，要继续一任接着一任干，久久为功。如鹿城区，今后要重点围绕"两山两江"（曹湾山、屿儿山、瓯江、戍浦江）做好新时代"千万工程"示范带建设，打造一批和美乡村共同富裕示范带，争创省级新时代美丽乡村共同富裕示范带，逐步形成"发展共谋、平台共建、资源共享、产业共旺、品牌共造、市场共营、服务共推""七共"新格局。各地各有侧重，错位竞争，如"七共"都突出科技特色，数字乡村建设先行示范；山福突出非洲风情，国际乡村建设先行示范；藤桥突出原乡文化，文化赋能建设先行示范。

3. 形象定位

在形象定位上，必须明确这个地方最大的优势是什么，因什么而出名，最大的IP是什么。要发动社会征集"一句话叫响一地"活动，并首先在路桥名字上做文章。

(三) 做好三篇文章

1. 乡村风韵

"千万工程"2.0版要突出做好"风景""风俗""风口""风韵""四

风"建设，最终落脚点在"风韵"上，每个乡村都有各自的有辨识度的风韵。风韵是乡村旅游的魅力所在，是"景村（镇）融合"的结果。通过科学规划设计，将景区与乡村看作一个整体系统，形成"以景带村（镇）、以村（镇）实景、景村（镇）互动"的发展模式。要发挥"乡村共富小院""科技小院""两院"建设在"千万工程"中的重要作用。村村之间组团发展的未来必定在于品牌化经营，要积极挖掘串点成带的风韵。

2. 乡村农文旅

产业兴旺是解决农村一切问题的前提。没有产业的兴旺，就没有理想的就业和收入，就不能吸引和留住年轻人。对于鹿城区来说，应重点聚焦需求发展都市农业和乡村旅游。处理好农旅怎么融合，资本如何引进，轻资产经营问题是非常重要的三个问题。乡村运营要从微改造到深运营，创造消费场景来制造冲动消费，探索实现共同富裕的有效路径，把乡村打造成都市会客厅。对村庄资源进行集聚、重组和营运，唤醒乡村沉睡资源，破解"两非"（非农化、非粮化）难题，以实现村庄资源配置容量和效益的最大化、最优化。在"千万工程"引领下开展全域乡村共富产业模式的创新，包括融合模式的创新、商业模式的创新、运营模式的创新、盈利模式的创新等，形成多方参与、联合合作、相互成就的双赢多赢共赢新格局。

"千万工程"乡村新型业态：

（1）通过两头（一老一小）牵动，激活家庭游市场。

（2）通过多种途径，深化沉浸式体验。

（3）丰富夜间生活，发展乡村夜经济。

（4）建设乡村露营，做年轻人的文章。

（5）发展民宿经济，把人和钱留下来。

（6）瞄准研学旅行，把学生吸引过来。

新业态的总体发展趋势，多类型融合业态：

农业+工商，顺向融合。

农业+文旅教体，横向融合。

农业+信息，逆向融合。

农业+城镇，多向融合，多要素发力、多业态打造、多模式推进。

农牧渔内向、产加销顺向、农文旅横向、信息化逆向、产村产镇多向融合。

老旅游：搭建人与景的关系、景与景的关系；

新旅游：搭建人与文的关系、人与人的关系。

线上线下高度融合，新理念、新模式、新技术推动旅游业创新发展。

商业重构、供应链重构、产品重构、服务重构后诞生的新一代文化旅游业。

3. 乡村宜商环境

"千万工程"改变的也是乡村宜商环境，让乡村成为高端人才和年轻人向往之地，成为城市居民休闲生活所在地，对促进鹿城发展的作用是全方位的。除持续做好环境整治外，和美乡村要在"和"字上做文章，逐步形成"环境和美、产业和融、人文和润、生活和顺、治理和谐""五和"新格局。要构建"乡村产业、公共服务、农民发展""三位一体"的农民农村共同富裕新机制，突出"大产业、大服务、大发展"，探索"为产业、为服务、为发展""千万工程""三为"新模式。要把"和"的理念贯穿乡村建设宜商始终，滋润人心、德化人心、凝聚人心，确保农村人心向善、稳定安宁，实现产业和、生态和、文化和、治理和、社会和的乡村生产、生活、生态共同体。

四、"千万工程"升级版的主要特征和要求

更高的目标和规模：升级版可能设定更高的目标和规模，以进一步推动项目的发展和进展。

更广泛的参与和合作：升级版可能鼓励更多的参与者和合作伙伴加入，以加强项目的资源和力量。

更加创新的解决方案：升级版可能提倡创新思维和技术应用，以解决项目中的难题和挑战。

更高的效率和效果：升级版可能注重提高工程实施的效率和效果，以更好地满足社会和经济发展的需求。

需要注意的是，以上仅是根据一般理解推测的可能特征和要求，具体情况可能因地区、行业和具体项目而有所不同。

未来乡村产业发展关键词：升级、融合、跨界。

通过跨界发展新经济。如农业主要功能是食品保障、原料供给、就业增收，现在又赋予了农业生态保护、观光休闲和文化传承的功能。这样，农业的功能得到了拓展，休闲和农业跨界组合就成了休闲农业。如乡村旅游，乡村本来是一个社区共同体，是农村居民的生活体，现在把它和城市结合起来了。城市人有钱了、有车了，农村人修路了、环境好了，所以我们的融合就变成了乡村新旅游。

展望未来，"千万工程" 2.0 版是实现以下十大转变的新版本：

（1）形象由外貌向内在转变；

（2）发展由高速向高质转变；

（3）重心由硬件向软件转变；

（4）治理由自发向自治转变；

（5）方式由单干向合作转变；

（6）动力由输血向造血转变；

（7）乡贤由撒钱向参与转变；

（8）精力由建设向经营转变；

（9）经营由传统向现代转变；

（10）规模由盆景向风景转变。

综上所述，农文旅融合发展是代表新质生产力的一个方向。拥抱变化，坚守不变，方可驾驭百年未有之大变局。坚守真正创造客户价值不变，坚守科技驱动创新不变，坚信乡村价值不变，坚定企业家精神不变。做好农文旅融合发展，要遵循四大主义和四大核心。四大主义是务实主义、专业主义、长期主义和客户主义；四大核心是核心业务、核心专长、核心市场和核心客户。

第八章 结论与讨论

抓乡村振兴就是抓实体经济，每个乡村都是经济基本单元。产业振兴是乡村振兴的根本之策，品牌强农是农业发展的必由之路，农文旅融合是乡村旅游的必然趋势，品牌化乡村运营助推乡村振兴。从人性角度看，农文旅融合发展呼应人们消费模式的变迁以及新型休闲消费方式的诉求，从而有效满足人们旅游休闲消费需求、延伸旅游休闲消费链条、拓展旅游休闲消费空间、增强社会消费的内生动能、持续推动内需规模的不断扩大和内需质量的显著提升，这在中国式现代化的大战略以及激活消费、扩大内需的大背景下具有特殊意义。

找魂、找钱、找人，是当下全国各地农文旅融合发展普遍面临的难题。三个"找"，归结起来，就是要从根本上为乡村找路，一条通向未来的乡村之路。其目的是满足人们对美好生活的向往。农文旅深度融合的背后是顺应趋势、转型升级。在数字化趋势的推动下，"互联网+旅游"正在成为经济增长的新动能，成为新质生产力的代表之一，"诗和远方"触手可及。农文旅融合作为一种创新的区域发展模式，正在被越来越多的地方政府和产业实体所采纳。在推动经济增长、增加就业机会、促进社区参与和文化传承方面，农文旅融合发展已经显示出其显著的正面效应。

首先，在农文旅融合中，要提高持续盈利水平，这是当前最大的痛点。盈利点的分析涉及到关键指标，包括流量、转化率、客单价以及复购率。这些指标之间的关系对于制定有效的盈利策略至关重要。在制定策略时，及时监测和调整这些关键指标，采取有效策略，以适应市场变化，是确保农文旅融合持续盈利的关键步骤。

其次，在农文旅融合中，要选择合适的发展模式，这是当前最大的堵点。不同地区和社区有着不同的市场需求和定位。一个合适的发展模式应当考虑到当地的文化特色、农业资源以及旅游市场的需求。通过深入了解目标市场，可以制定符合实际情况的发展策略，提高农文旅的吸引力和竞争力。

再次，在农文旅融合中，要不断创新实施路径，这是当前最大的弱点。市场需求是不断变化的，而农文旅融合作为与消费者密切相关的行业，必须及时调整以适应这些变化。依托和美乡村、品牌乡村和康养乡村建设，通过不断创新实施路径，可以更好地捕捉市场趋势，满足消费者需求，保持竞争优势。农文旅融合中不断创新实施路径至关重要，它能够带来市场优势、提升用户体验、拓展业务范围，促进可持续发展，同时也有助于应对各种挑战和风险，确保乡村产业能够持续发展壮大。运营改变乡村，我们信心满怀。

最后，在农文旅融合中，要不断推进数字化改革，这是当前最大的难点。在乡村农文旅发展中推进数字化，可以实现乡村文化、旅游、经济等方面的转型升级，提升乡村的综合竞争力，为乡村振兴注入新的动力和活力，是构成新质生产力的必要条件。通过 AIGC 等人工智能技术，可以有效提升乡村农文旅的品质和体验感，吸引更多年轻人下乡。

展望未来，全面布局未来产业尤为重要，而农文旅融合对地方经济和社会发展将产生深远的影响。以文化传承为魂，通过未来乡村、未来农业和新旅游建设，增强农村未来社区的凝聚力和文化的传承力，为乡村持续健康发展提供了强大的动力和支撑。

我们都知道农文旅融合发展的重要性，也有许多有益探索，但下一步需要探讨的问题还有很多。从农文旅行业整体发展环境看，如何破解产业发展与土地资源的矛盾、产品设计与市场需求的矛盾、成本提高与品质提升的矛盾、文化传承与现代观念的矛盾、环境承载与经营收益的矛盾五大矛盾？各地在"卷"营销的同时更要"卷"内功，既挣足流量的面子，也做实服务的里子。我们究竟应该怎么看当下的农文旅"互卷"？农文旅可持续出圈的出路又在哪里？复盘种种盛况，如何避免给人留下"挖空心思追流量"的印象？如何让游客实实在在地感受到实惠？如何让真流量背后体现真质量？我们的乡村不仅是都市生活所需的供给者，更是安全所求、健康所依、心灵所托的供给者，如何通过农文旅融合，使乡村成为区域优质农产品的集聚地、农耕文化的展示地、休闲生活体验地？如何构建村企相依、景田相望、农旅相生、城乡相融的新乡村、新生活、新空间？让我们不断探索不断实践吧，共筑田园梦，走好共富路！

参考文献

[1] 陈国胜. 乡村振兴温州样本：产业融合之路 [M]. 北京：中国农业大学出版社，2019：1-8.

[2] 陈国胜，等. 乡村振兴温州样本：强村之路 [M]. 杭州：浙江大学出版社，2021：1-6.

[3] 刘益曦. 乡村振兴温州样本：美丽乡村之路 [M]. 北京：中国农业大学出版社，2022：1-7.

[4] 陈国胜. 乡村振兴温州样本：共富百村 [M]. 北京：中国农业出版社，2024：16-20.

[5] 陈国胜. 创意农业的道与术 [M]. 北京：中国农业科学技术出版社，2016：12-19.

[6] 陈国胜. 农业品牌的道与术 [M]. 北京：中国农业科学技术出版社，2019：67-78.

[7] 陈国胜. 创意民宿的道与术 [M]. 北京：中国农业科学技术出版社，2017：12-20.

[8] 于春玲，黄莎. 新时代"美好生活"释义 [EB/OL]. https：//baijiahao.baidu.com/s？id=1677235912406767348&wfr=spider&for=pc. 2020-09-08.

[9] 贾骏骐. 数字经济下安徽乡村旅游发展逻辑与路径 [J]. 旅游纵览（下半月），2019（6）：153-155.

[10] 戴斌. 数字时代文旅融合新格局的塑造与建构 [J]. 人民论坛，2020（Z1）：152-155.

[11] 郑憩. 加快推进数字文旅产业高质量发展 [J]. 宏观经济管理，2020（12）：63-68.

[12] 重庆市九龙坡区文化和旅游发展委员会课题组，邓立，唐宁，陈卓，胡瀚文. 数

字技术赋能文旅产业高质量发展的探索［J］.重庆行政,2020,21（4）:106-107.

［13］刘静,曹艳英.文化旅游数字化建设价值共创模式研究［J］.鲁东大学学报（哲学社会科学版）,2021,38（4）:85-90.

［14］张士琴,石穆沙."在场"到"难忘":偏惯常环境下旅游体验的记忆形成与反馈机制［J］.旅游学刊,2024,39（1）:62-78.

［15］之江轩."文化味"如何锁住人心［EB/OL］.https://mp.weixin.qq.com/s?biz＝Mzg5Mjc3NzQzMA＝＝&mid＝2247520016&idx＝2&sn＝448c2a8eee1a9fe45a30aca3629fb0da&chksm＝c03a29a9f74da0bfb12858c1446cc53be9dcb153d8aca69c5bebd56caf388896e57ee96f4201&scene＝27.2023-12-22.

［16］孙晋坤,黄潇婷,章锦河,等.旅游疲劳的发生机制、多维特征与应对策略——基于扎根理论的探索性研究［J］.旅游学刊,2023,38（12）:130-139.

［17］农财君.美国科学院公布:未来农业发展的五大方向［EB/OL］.https://baijiahao.baidu.com/s?id=1769670729325662840&wfr=spider&for=pc.2023-06-19.

［18］莫问剑.为乡村找路:乡村振兴之关键决策与创新方法论［M］.北京:电子工业出版社,2023:3-5.

［19］邓勇勇,魏向东.从胡塞尔现象学"直观"视角看旅游的本质［J］.旅游学刊,2023,38（11）:153-168.

［20］何银春,张慧仪,曾斌丹,等.文化遗产地游客价值感知对遗产认同的作用机理研究［J］.旅游学刊,2023,38（12）:71-85.